머리가 좋아지는 창의력 오감육아

0세부터 4세까지 뇌과학 육아혁명

머리가 좋아지는 창의력 오감육아

● 김영훈 지음 ●

시다미디어

들어가면서

창의력을 키우려면
아이의 오감을 자극하라!

스티브 잡스는 "지금 내가 만들고 있는 현재의 순간이 미래에 어떤 식으로든 연결된다"고 말했다. 현재에 충실하면서 무엇인가를 갈구하면 인생에서 남다른 것을 만들 수 있다는 것이다. 그는 확신이 서면 한 치의 의심 없이 자신의 감을 믿고 따랐다. 실패를 두려워하지 않고 열정적으로 덤볐다. 인생을 낭비해서는 안 되며, 다른 사람의 생각에 얽매이지 말아야 한다고 주장하기도 했다.

또한 그는 매우 뛰어난 이야기꾼으로 통했다. 탁월한 스토리텔링을 통해 자신의 아이디어를 세상에 알리고 다른 사람을 설득했다. 애플이 단순한 컴퓨터 회사 이상의 위치를 차지할 수 있었던 것은 이런 잡스의 탁월한 스토리텔링 능력 때문이기도 하다. 우리 아이들도 자기만의 스토리를 만들어야 한다. 아이가 만든 생산물이 세상을 설득하고 감동을 주려면 스토리가 있어야 하기 때문이다.

이 책은 '창의적인 두뇌를 가진 아이로 키우려면 어떻게 해야 할까?'라는 의문에서 출발했다.

21세기를 창의력의 시대라고들 한다. 창의적인 글로벌 인재를 필요로 하고, 창의력을 바탕으로 한 창의적인 기업을 원한다. 정보와 지식이 넘쳐나고 활용할 수 있는 다양한 기술이 발달한 시대일수록, 새로운 시각으로 바라보고 독창적인 뭔가를 생산해내는 능력이 필요하다. 하지만 비옥한 땅이 있어야 싹이 트고 열매를 맺을 수 있으니 창의적인 산물도 분명 그냥 나오는 것은 아닐 것이다.

예전에는 산업화 이후 사회의 요구와 수요 때문에 읽기와 쓰기 능력에 치중한 교육이 이루어졌다. 결국 창의력이나 상상력이 뛰어난 인간이 필요하다는 지금의 외침도 사회의 요구일 수 있다. 창의력이나 상상력은 기존의 틀을 깨는 생각들이기 때문이다.

기존의 생각을 깨고 새로운 생각을 하는 사람은 분명 필요하다. 하지만 새롭게 탄생한 생각을 현실화하는 건 기존의 틀을 유지한 사람들이다. 창의력으로 새로운 길을 제시하는 인재도 필요하지만, 제시한 새로운 생각을 현실화하고 유지해나갈 수 있는 사람들도 필요하다. 스티브 잡스의 성공 바탕에는 그 생각을 현실화했던 워즈니악이라는 좌뇌적 인재가 있었다.

모든 아이들은 창의력을 가지고 태어난다. 그리고 타고난 창의력을 극대화시키려고 아이를 내몰지만 않는다면 그런 아이들은 저절로 튀어나오게 되어 있다. 또한 모든 아이들이 뛰어난 창의성을 가진 예술가가 될 필요도 없다. 춤이나 운동에 재능을 타고난 아이한테 책상에 앉아서 공부만 하라고 강요하는 것도 문제지만, 몸 움직이는 걸 싫어하고 가만히 앉아서 생각만 하고 싶어 하는 아이에게 운동을 하라고 강요하는 것도 바람직하지 않다.

부모들은 자신의 아이가 모든 면에서 창의력을 발휘할 수 있는 아이로 성장하기를 바라는 것 같다. 특별한 예술가는 아니라도 창의적인 인재가 되기를 기대한다고나 할까? 단 어떤 분야에 몸담고 있든 창의력이 있으면 단연 좋은 점이 있지만, 그 창의성이 유별나서 오히려 힘든 직업이 있다는 것도 알아야 한다. 특히 아이가 학자, 의사, 판사가 되기를 바라면서 연예인, 예술가, 운동선수로 만들려는 듯 창의력에 매달려 아이를 키우는 부모들은 명심할 일이다.

물론 아이들을 방해하지만 않는다면 어느 정도의 창의력은 기를 수 있다. 부모의 역할은 아이의 독특한 재능을 발견하고 키워주는 일이다. 또 자기가 좋아하는 일을 하는 아이들에겐 상상력의 날개가 있다.

이 책에서는 21세기를 대표하는 키워드로 떠오른 '창의적인 두뇌교육'을 어떻게 할 것인지, 아이의 상상력을 현실적으로 구체화하는 방법은 어떤 것이 있는지 생각해보았다. 아이의 잠재성이 어떻게 발현되든 잠재성은 우리 모두가 가진 뇌의 능력 중 일부다. 상상, 의지, 믿음, 행동 등 이 모든 것이 뇌에서 일어나는 현상이기 때문이다.

아이의 잠재성을 발견하고 키우기까지, 또 그것이 형상화되어 현실로 나오기까지는 많은 과정과 노력들이 필요하다. 하지만 무엇보다 아이의 뇌가 가진 무한한 잠재성을 믿는 것이 가장 먼저라고 생각한다.

아이를 믿는 것만큼 위대한 시작은 없지 않겠는가?

이 책은 한겨레신문의 블로그 '베이비트리'에 있는 〈두뇌교육〉 칼럼 내용을 기초로 했다. 칼럼을 쓰는 중에 EBS 〈60분 부모〉의 '핫이슈'에서 뇌 관련 뉴스와 정보로 인터뷰가 진행되었고, MBC에서 방영된 〈뇌를 깨우는 101가지 비법〉에 참여하면서 부모들이 두뇌교육에 얼마나 관심이 큰지 알게 되었다. 또 최근에는 다큐프라임 〈놀이의 반란〉이라는 프로그램의 자문을 하면서 뇌 발달과 놀이의 관계를 재조명할 기회를 가지게 되었다. 이 책은 그런 과정의 산물이다.

아이를 키운 경험과 엄마의 시각으로 전체 원고를 검토해준 아내 송미경에게 고마움을 전한다. 끝으로 이 책을 쓰는 동안 지속적인 도움을 주신 이다미디어의 황보태수 대표와 박금희 이사께도 감사드린다.

2015년 새해를 열며

김영훈

목차

들어가면서 · 창의력을 키우려면 아이의 오감을 자극하라! · 4

**1장
오감 자극으로
머리가 좋아진다**

1. 우리 아이 뇌는 어떻게 생겼을까? · 13
2. 오감으로 아이의 뇌를 자극하라 · 21
3. 오감 자극이 두뇌를 결정한다 · 29
4. 창의성은 길러지고, 영재성은 타고난다 · 36

**2장
0~24개월
창의력 오감육아**

1. 자기주도적 오감 체험이 중요하다 · 41
2. 아이는 놀면서 두뇌가 발달한다 · 45
3. 원색으로 아이의 시각을 자극한다 · 57
4. 청각을 발달시키는 그림책 읽어주기 · 62
5. 선천적으로 언어를 알아듣는 신생아의 뇌 · 70
6. 언어 발달에는 자존감과 효능감이 중요하다 · 77
7. 정서가 풍부한 아이로 키우기 · 88
8. 아이의 뇌는 웃음을 먹고 자란다 · 96
9. 부모와의 유대감으로 안정 애착을 형성한다 · 101
10. 논리수학 발달로 수학적 창의력 키우기 · 106
11. 아이와 함께하는 몸 놀이가 창의력을 키운다 · 113
12. 장난감은 아이의 뇌를 발달시킨다 · 120

0~24개월 월령별 실천편 · 창의력이 쑥쑥! 오감육아 포인트

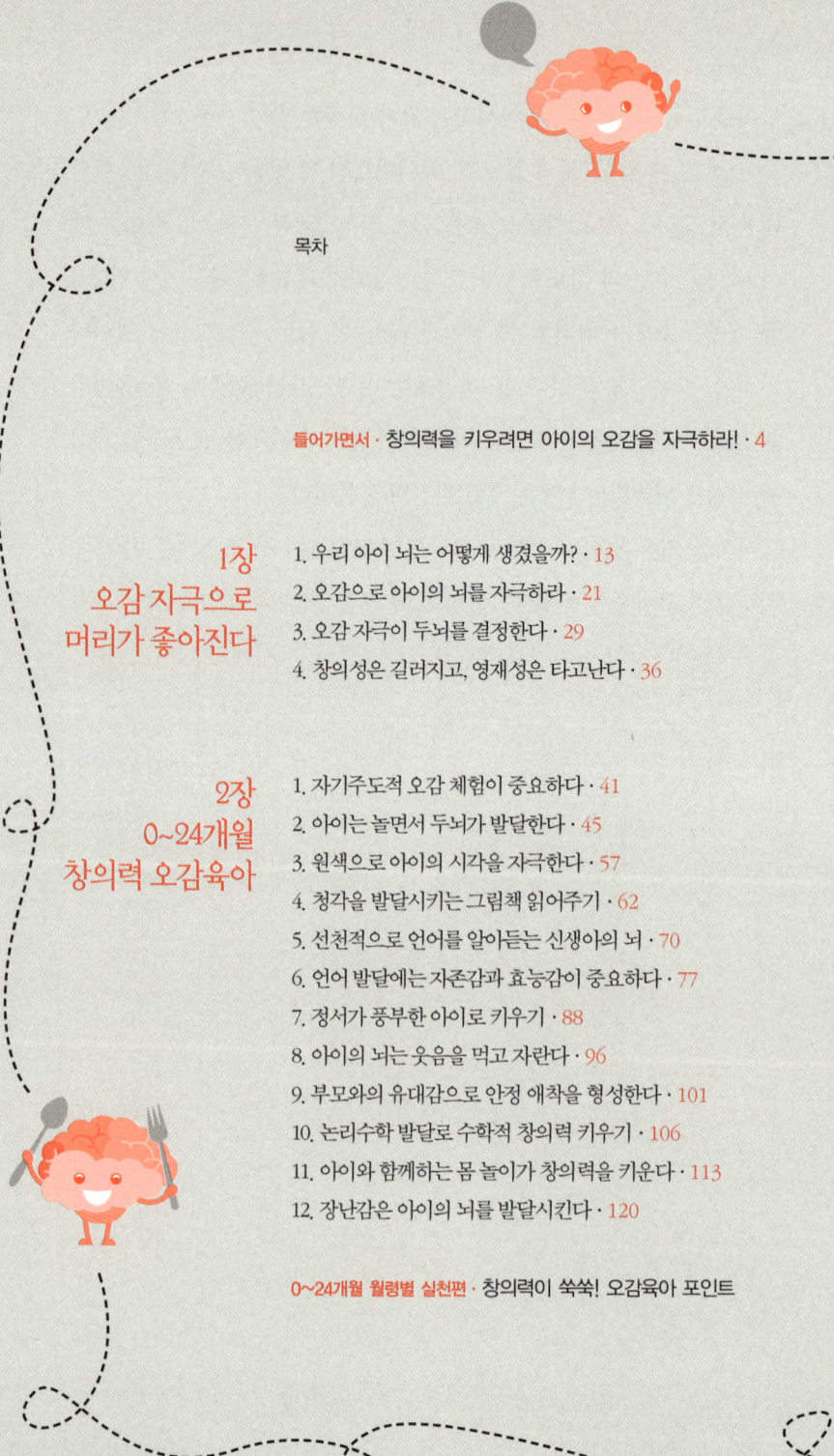

3장
25~48개월
창의력 오감육아

1. 자연은 창의력의 원천이다 · 163
2. 호기심을 자극해 관찰력과 창의력을 높인다 · 171
3. 자연 체험으로 길러지는 창의적 직관 · 176
4. 모국어의 습득과 훈련에 전념하자 · 182
5. 아이와 마주 앉아 책을 읽어라 · 188
6. 부모가 창의적인 롤모델이 되라 · 198
7. 자기주도적인 아이로 키워라 · 205
8. 그림책 읽기로 아이의 상상력을 키운다 · 211
9. 상상력은 종합적인 창의력의 시작이다 · 216
10. 몸이 즐거우면 머리도 좋아진다 · 222
11. 양손 놀이로 좌우 뇌를 모두 발달시켜라 · 229

25~48개월 월령별 실천편 · 창의력이 팡팡! 오감육아 포인트

4장
48개월 이후
창의력 트레이닝

1. 아이의 집중력을 쑥쑥 키우기 · 259
2. 창의적인 부모가 아이의 창의력을 키운다 · 264
3. 읽기와 쓰기는 창의력의 기본이다 · 270
4. 문제 해결의 쌍두마차는 창의력과 논리력 · 274
5. 스스로 생각하는 아이로 키우자 · 280
6. 창의성은 미래 사회가 요구하는 능력이다 · 285
7. 의식하지 않고 몸으로 기억하기 · 290
8. 몰입하는 힘은 창의성의 원천이다 · 295

1. 우리 아이 뇌는 어떻게 생겼을까?

아이의 뇌는 많은 잠재력을 가지고 있다. 또 아이가 세상을 배우고 적응해가는 전 과정은 뇌 발달을 기반으로 한다. 특히 뇌는 영유아기에 빠르게 주름이 늘며 성장하는데 그 시기는 부위마다 다르다. 때문에 뇌 발달이 가장 왕성하게 이루어지는 영유아기의 과정을 잘 이해해야, 부모가 적당할 때 뇌에 자극을 주고 두뇌교육도 적극적으로 할 수 있다.

뇌는 3층 집이라고 생각하면 이해하기 쉽다. 가장 아래 층은 본능의 뇌라고 불리는데, 뇌줄기가 있는 층으로 수면, 각성, 체온, 호흡, 식욕 등 생명과 관련된 기능을 한다. 2층은 정서의 뇌라 불리는데, 변연계가 있는 층으로 감정을 다루는 편도체, 단기 기억을 장기 기억으로 바꿔주는 해마, 의욕을 일으키는 측좌핵으로 구성되어 있다. 가장 위 층은 이성의 뇌라고 불리는데, 뇌의 가장 상층부에 위치하는 대뇌피질로 이성, 지성뿐만 아니라 문제 해결력, 실행력, 창의력을 담당하고 갈등, 행복 등 고등 감정을 조절한다. 이렇게 3층의 뇌가 유기적으로 기능해야 아이의 뇌는 성장하면서 최적화될 수 있다.

사고력과 창의력을 담당하는 뇌, 전두엽

대뇌피질에서 가장 넓은 전두엽은 뇌의 맨 앞부분에 있으며 사고와 판단, 기억과 집중력, 실행과 창의력 등 고차원적인 기능을 담당한다. 전두엽은 영유아기부터 사춘기에 이르기까지 지속적으로 발달하며, 20세 무렵이 되면서 안정기에 접어들지만 25세까지 성장이 지속된다. 그러므로 부모는 25세까지 아이에게 관심을 가지고 이끌어줘야 한다.

전두엽에서 가장 넓은 부위는 전전두엽인데, 몸 안팎의 감각계에서 오는 정보를 종합해서 판단한다. 계획하기, 주의집중력, 의사 결정, 문제 해결력, 실행력, 창의력 등은 모두 여기에서 만들어진다. 요즈음 많은 문제가 되는 ADHD(과잉행동장애)도 전전두엽에 문제가 있는 경우다. 전전두엽은 익숙한 것보다 새롭고 도전적인 것을 더 좋아한다. 따라서 우뇌와 전두엽의 발달을 촉진하려면 아이의 호기심을 유발하는 놀이가 필요하다.

전두엽은 생후 8개월 무렵 활동이 크게 늘어나는데, 이때 정서 발달이 같이 진행된다. 따라서 아이의 정서를 발달시키는 부모의 스킨십과 감정적 교류가 전두엽 발달에는 반드시 필요하다. 부모와의 애착이 특히 중요한 시기가 생후 12개월 전후인 것도 이 때문이다.

청각, 언어, 통찰력을 담당하는 뇌, 측두엽

측두엽은 소리를 듣고, 언어를 이해하고 해석하며, 청각 자극과 오감 자극을 통합한다. 직관력, 통찰력, 신비한 영적 체험 등과도 관련이 있다. 생후 3~4개월 아이는 청각 발달과 연관된 측두엽에서 시냅스 증가와 수초화(신경 자극을 좀 더 빠르게 전달해서 뇌가 몸의 다른 부분들과 효율적인 통신을 하도록 하는 것)가 매우 활발하게 이루어지고, 이 과정은 생후 12개월까지 지속된다. 특히 출생 후 12개월까지의 청각 발달은 언어 발달의 기반이 되므로 아이의 청각 자극에 신경 써야 한다.

공간 감각과 수학적 추상력의 뇌, 두정엽

두정엽은 몸의 감각과 공간 감각, 수학적인 추상력을 담당한다. 두정엽의 앞부분은 체감각피질 영역으로, 피부의 촉각과 통각, 압력, 온도, 몸의 위치 등에 대한 정보를 받아들인다. 피부 감각이 둔하거나, 공간에서의 위치 감각이 부족하다면 두정엽의 발달에 문제가 있는 것이다. 또 두정엽은 수나 공간을 파악하며 수학적 추상력을 담당한다.

남자아이가 여자아이보다 더 발달되어 있다.

시각과 도형, 공간기억력의 뇌, 후두엽

뇌의 뒷부분에 위치한 후두엽은 시각 처리를 하며 공간기억력을 담당한다. 후두엽은 특히 생후 3~4개월 무렵부터 12개월까지 활발하게 발달한다. 따라서 후두엽을 발달시키려면 아이에게 시각적인 자극을 적절하게 주는 것이 매우 중요하다. 아이와 놀이를 할 때 말을 하면서 그림이나 간단한 그래프를 보여주면 정보를 심상으로 기억하는 효과가 있기 때문에 후두엽 발달에 좋다.

신체 움직임을 조율하고
절차 기억을 담당하는 뇌, 소뇌

동작이나 움직임을 조절하는 소뇌는 출생 후 급속도로 발달해서, 24개월만 되어도 거의 성인 수준이 된다. 태어나서 24개월까지 아이의 발달 중 가장 두드러진 변화가 대근육운동과 소근육운동의 발달이다. 이 과정에서 소뇌의 역할이 가장 크기 때문이다. 소뇌는 대뇌의 운동피질에서 정보를 받아 여러 근육의 역할을 파악해 근육을 움직이게 하고 몸의 균형을 잡아준다. 또한 소뇌는 절차적인 기억을 담당하는데,

어렸을 때 자전거를 배웠다면 성인이 되어서도 자전거를 잘 탈 수 있는 것도 소뇌의 기억 때문이다.

단기 기억을 장기 기억으로 넘기는 뇌, 해마

단기 기억을 담당하는 해마가 작동하지 않는다면 방금 전 일어난 일도 기억해내지 못할 것이다. 아이의 해마를 반복적으로 적절히 자극하면 단기 기억을 장기 기억으로 보내는 능력이 강화된다. 특히 해마는 얕은 잠을 잘 때(영아는 잠의 50%가 얕은 잠이다) 활발하게 활성화되어서 낮에 의미가 있었던 활동을 장기 기억으로 넘기는 역할을 한다. 단, 해마는 스트레스에 매우 취약하다. 따라서 아이의 수준을 넘는 조기 교육과 스트레스는 오히려 기억 능력을 저하시킬 수 있다.

남자아이의 뇌 vs 여자아이의 뇌

여자아이는 남자아이보다 좀 더 의존적인 편이다. 여자아이는 더 자주 울고, 남자아이보다 더 잘 껴안는다. 남자아이는 커가면서 다른 사람에게 도움을 쉽게 요청하지 않고, 여자아이보다 좀 더 독립적인 경향이 있다. 이런 현상은 성장 후에도 똑같아서 남자아이는 스스로 의존심이 생길까 두려워하기까지 한다.

생각하고 느끼는 것이나 판단하고 행동하는 것에도 차이가 있다. 이는 서로 '뇌 구조'가 다르기 때문이다. 뇌 구조가 성에 따라 다른 것은 안드로겐이라는 호르몬이 태아 때부터 뇌에 작용하기 때문이다. 따라서 남자아이와 여자아이는 양육 방법이 달라야 하며, 부모는 아이의 뇌를 이해하면서 아이가 타고난 좋은 기질을 발휘할 수 있도록 도와주는 게 좋다.

■ 남자아이의 뇌

1. 체계적이고 원칙을 따진다.

체계화되어서 사물이 어떻게 작동하는지 직관적으로 알아차린다. 사건이나 사물의 본질을 이해하고 예측하는 데 효율적이다. 또 원칙을 중요하게 여긴다. 잘못했을 때도 여자아이는 엄마의 표정과 눈빛만으로 상황을 파악하지만 남자아이는 "왜요?"라고 물어서 엄마의 화를 돋운다. 원칙을 중시하는 자연스러운 반응이다.

2. 공간 지각 능력이 뛰어나다.

여자아이에 비해 셈이나 공간 감각이 뛰어난 경우가 많다. 실제로 두정엽이 여자아이보다 더 크기 때문에 공간 감각이 뛰어나고, 여자아이보다 매뉴얼을 잘 사용하고, 어려운 조립식 장난감을 좋아한다. 어떤 장소를 설명할 때도 매우 구체적인 사실을 근거로 설명한다. "여기서 왼쪽으로 돌아 50미터 정도를 내려간 후, 큰 빌딩을 끼고 왼쪽 골목길로 들어가서 100m 직진하면 보이는 유리벽 건물"이라는 식으로 공간과 거리를 설명한다. 반면 여자아이는 "그 건물 옆에 편의점과 레스토랑이 있고, 그 사이에 A백화점이 있어"라고 추상적으로 설명한다.

3. 공감 능력이 떨어진다.

여자아이에 비해 공감 능력이 떨어진다. 여자아이는 부모의 표정이나 말에 잘 공감하고 엄마가 슬퍼서 운다면 같이 울거나 엄마를 위로하려고 노력하지만, 남자아이는 엄마의 정서에 공감하지 못하고 특별히 관심을 보이지도 않는다. 수용성이 떨어지는 경우가 많고 또래 관계도 감정이 동반되지 않아 건조한 편이다.

4. 하고 싶은 일은 일단 저지른다.

앞뒤 생각하지 않고 하고 싶은 일을 일단 저지르고 본다. 다른 사람이 쌓은 블록을 한 번에 무너뜨리고, 가전제품의 버튼도 그냥 지나치지 않고 아무거나 눌러 사고를 친다. 자신의 힘으로 무언가 변화시키는 것을 좋아하기 때문이다. 시끄러운 소리를 내고 크게 움직이는 것은 물론, 자신에게 야단스러운 일이 생기는 것을 즐긴다. 생활하는 주위가 어질러지기 쉽지만, 주위가 아무리 지저분해도 신경 쓰지 않는다.

■ 여자아이의 뇌

1. 언어 발달이 더 빠르다.

남자아이보다 측두엽이 더 큰 편이다. 원시 시대부터 여자는 주로 집에 머물며 주변 사람들의 의견을 조정하는 역할을 담당했다. 즉 언어를 사용할 상황이 많다 보니 언어 능력을 주관하는 뇌 영역이 잘 발달한 것이다. 물론 모두 그런 것은 아니다. 언어의 뇌는 여자아이의 경우 수초화가 빠르기 때문에 남자아이보다 1년 정도 빨리 좀 더 복잡한 언어를 구사할 수 있다. 여자아이들이 글을 빨리 읽고 정확한 문법을 구사하는 것도 이 때문이다. 또한 말을 할 때 양쪽 뇌를 모두 사용하는 반면 남자아이는 좌뇌만을 사용하기 때문에 여자아이가 다양한 억양과 리듬으로 말을 더 맛있게 한다.

2. 공감 능력이 뛰어나다.

타인의 감정을 잘 이해하며 정서적인 상황에 대한 반응 또한 빠르다. 반면 남자아이가 감정을 잘 읽지 못하고 공감에 둔한 것은 남성호르몬인 테스토스테론이 감정 읽기를 방해하기 때문이다. 만약 아이에게 책을 읽어준다면 여자아이에게는 "이 아이가 얼마나 슬펐을까?"라고 감성적으로 접근하는 것이 그림책에 더 재미를 느끼고 집중하도록 만들 것이다.

3. 시각적 기능이 뛰어나다.

시각을 담당하는 후두엽의 신경회로가 남자아이보다 크다. 그래서 시각 정보 처리에 확연한 차이가 있다. 흔히 여자아이가 남자아이보다 눈썰미가 좋은 이유이기도 하다. 여자아이가 남자아이에 비해 상대적으로 작은 변화도 잘 파악하고 시각에 민감한 것도 마찬가지다.

4. 동시 수행 능력이 뛰어나다.

좌우 뇌 사이의 뇌량이 남자아이에 비해 발달해 있다. 덕분에 일을 할 때 여러 가지를 한 번에 할 수 있는 '동시 수행 능력'이 뛰어나다. 실제로 엄마들은 전화를 받으면서 아이 숙제를 봐주거나, TV를 보면서 뜨개질을 하곤 한다. 하지만 남자아이는 두 가지 이상을 동시에 처리하지 못한다. 남자아이들은 무언가에 몰두하면 다른 소리가 들리지 않는다.

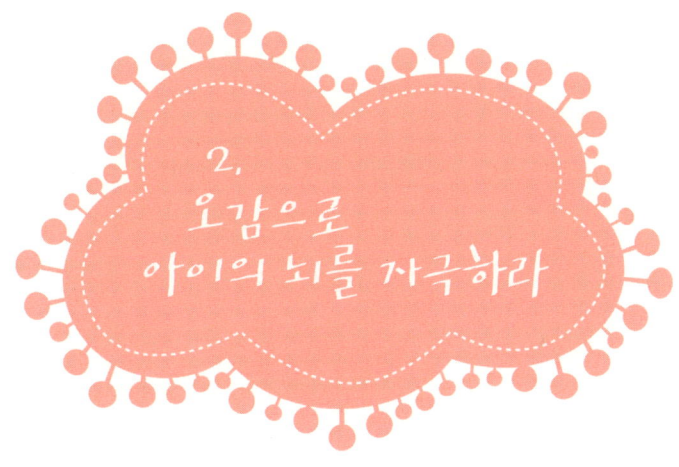

2. 오감으로 아이의 뇌를 자극하라

뇌가 외부 자극을 통해 급격하게 발달하는 시기의 경계선을 '감수성기(critical point)'라고 한다. 감수성기는 뇌 발달에서 매우 중요하며 결정적인 시기다. 물론 인간의 뇌는 성인이 되어서도 늘 변하고 완전히 굳는 일이 없는데 대체로 5~6세 무렵까지 뇌 용량은 성인의 90%, 12세가 되면 거의 성인 수준으로 성장한다.

감수성기는 언어뿐 아니라 논리수학, 공간 지각, 감정 등에 적용되며, 36개월에 최고가 되고, 초등학교에 들어가기 전까지 발달한 뇌의 능력이 평생에 걸쳐 적용된다고 보면 된다. 아이는 이때 감정의 기초나 사회성 등 대인 관계 능력의 기반을 마련한다.

뇌의 어떤 기능이 적절하게 발달하기 위해서는 감수성기에 해당 자극을 받아야 하며, 이 시기를 놓치면 기능의 발달이 지연되거나 왜곡

될 수 있다. 영유아기의 아이들에게 필요한 것은 한쪽에 치우친 조기교육이 아니라 듣고, 보고, 느낄 수 있도록 오감을 최대한 자극하고 체험과 경험을 풍부하게 하는 환경이다. 즉 아이가 어느 시기에 어떤 자극과 경험이 필요한지 아는 것이 두뇌 오감육아의 핵심이다

진화론적으로 미각과 촉각은 단세포 동물 수준의 감각이다. 이후 생명체가 바다에서 육지로 나오면서 후각이 발달한다. 또 육지에서든 바다에서든 생존의 필요에 따라 청각, 평형 감각, 시각이 발달한다. 청각과 시각은 미래에 닥칠 일을 미리 알기 위한 감각이며, 평형 감각은 운동을 위해 필요한 감각이다.

태아는 엄마 배 속에 있을 때 청각과 평형 감각에 예민하다. 엄마가 어떤 음식을 즐겨 먹는가에 따라 음식은 태아의 미각과 후각과 식성에 영향을 준다. 엄마의 움직임과 밖에서 들리는 소리를 통해 뇌의 자극을 받는다. 엄마가 산책을 좋아하고 음악을 좋아한다면 뇌의 발달을 돕는 좋은 경험이 된다. 엄마가 그네를 타면서 노래를 불러주거나, 자신의 배를 노래의 박자에 맞추어 토닥거리거나, 타악기로 박자가 단순한 음악을 직접 연주한다면 더 좋다. 모든 소리와 음악의 파동은 아기의 섬세한 촉각을 자극하기 때문이다.

후각

신생아는 시각과 청각이 미숙하지만, 후각은 태아 때 이미 발달되어

있다. 후각은 기억과 감정을 조절하는 신경회로에 직접 연결된다. 후각 정보는 냄새를 맡는 뇌의 부분에서 여러 목적으로 사용되며, 일부는 변연계로 연결되어 냄새와 관련된 연상 기억과 학습에 기여한다.

후각은 오감 중에서 유일하게 뇌와 직접 연결된 감각으로, 일차 후각 영역에 있는 뉴런들이 전두피질로 후각 정보를 보내면 냄새를 구별하고 인식한다. 어릴 때부터 적절하게 자극해주면 잘 발달하는 반면 그렇지 않으면 12개월 이전에 빨리 퇴화하는 특징이 있다.

미각

미각은 태아 때부터 다른 감각보다 일찍 발달한다. 특히 신생아는 미각 세포가 성인보다 2~3배 많아서 맛에 더욱 예민하다. 어릴 때 여러 맛을 경험한 아이는 독특한 맛을 내는 음식도 주저하지 않고 삼키지만, 24개월이 넘으면 이런 현상이 현저히 줄어드는 이유이기도 하다.

청각

뇌의 측두엽은 청각과 언어 능력을 처리하는데, 소리를 듣고 소리의 크기나 높낮이를 구분하며, 말을 이해하고 문법적으로 정확하게 말할 수 있도록 한다. 보통 음악은 우뇌에서 듣는다고 알려져 있지만 음악의 3요소인 멜로디, 화음, 리듬 중 무엇을 듣는가에 따라 반응하는 뇌가 다르다. 즉 멜로디와 화음을 듣는 것은 우뇌지만 리듬은 좌뇌의 운동연합영역과 두정엽을 활성화한다. 음악 전공자들 중에는 멜로디, 화음, 리듬을 모두 좌뇌로 듣는 사람들이 있는데, 이는 음악을 조금 더 분석적으로 듣는 좌뇌가 더 발달한 경우다.

갓 태어난 신생아의 청각 능력은 배 속에서 듣던 엄마의 목소리나 음악을 구별할 수 있을 정도다. 생후 3개월에는 여러 가지 음식의 소리를 구분하고 부모의 목소리도 알아듣는다. 이 무렵부터 측두엽 시냅스 성장과 수초화가 매우 활발해지며, 생후 1년까지의 청각 발달이 거의 결정적이다. 이후 성인과 비슷한 수준의 청력이 갖춰지는 시기는 만 5세 무렵이다.

시각

시각 영역은 대뇌피질의 후두엽에 위치한다. 안구의 망막으로 들어온 시각 정보는 시신경을 통해 시각 영역으로 전달된다. 시각 정보는 후두엽에서 나와 각각 '무엇을 보고 있는가'라는 형태 시각의 정보를 처리하는 후두엽, '현재 보고 있는 사물의 움직임과 위치'라는 공간 시각의 정보를 처리하는 후두엽으로 나누어진다.

신생아는 망막 기능이 완전하게 발달하지 못해 사물을 잘 분별하지 못하고, 붉은색은 볼 수 있으나 파란색을 볼 수 없으며, 물체의 초점이 맞지 않아 상이 희미하다. 생후 6개월 된 아기들은 0.1 정도의 시력을 지니고 있고, 만 3세가 되면 0.6 정도, 만 6세 전후가 되면 1.0 정도 시력으로 성인과 비슷해진다.

시각 발달의 감수성기는 생후 12개월 동안이다. 아이가 선천성 백내장일 경우 12개월 이전에 수술하면 잘 볼 수 있지만, 24개월 이후에 수술을 해주면 잘 볼 수 없다. 시각은 12개월 이전의 자극이 중요하다는 증거다. 특히 생후 6개월 정도부터 아이는 입체로 볼 수 있어서, 물체와의 거리와 높이 등을 알 수 있으며 파스텔 계통의 색도 잘 구별할 수 있다.

언어 지능

말하기, 듣기, 읽기, 쓰기 등의 말을 효과적으로 구사하는 언어 지능은 말하기를 담당하는 좌전두엽의 브로카 영역과 말의 이해를 담당하는 좌측두엽의 베르니케 영역 등 두 개의 영역이 관여한다. 보통 베르니케 영역이 브로카 영역보다 빨리 발달하기 때문에 말을 하는 것보다 알아듣고 이해하는 것이 먼저 발달한다.

생후 18개월 무렵이면 브로카 영역도 빠르게 발달하고 이때부터 아이의 말수가 급속도로 늘어난다. 아이가 엄마의 말을 거의 다 알아들으면서도 두 돌이 가까워야 겨우 입이 트이는 이유이기도 하다. 베르니케 영역의 성숙은 24개월 이전에 완성되는 반면 브로카 영역의 성숙은 4~6세는 되어야 완성된다.

생후 6개월 무렵부터 언어 습득의 결정적 시기가 시작되고, 5~6세가 되면 모국어에 대한 신경회로가 뇌에 완성된다. 생후 6개월 아기에게 모국어와 외국어를 들려주면 두 언어에 각각 다른 반응을 보이며, 4~6세는 언어 속에서 문법의 규칙을 빠르게 익힌다. 특히 13~24개월은 어휘력의 확장기로 많은 언어를 습득한다.

뇌과학자들은 아이가 만약 언어 습득의 감수성기인 만 6세까지 언어를 전혀 접할 수 없도록 방치된다면 언어 자체를 이해할 수 없게 될 가능성이 높다고 말한다. 늑대소년이 대표적인 경우다. 늑대소년은 6세에 인간 사회로 와서 8년 동안 인간의 언어를 배웠지만 끝내 제대로 구사하지 못했다.

신체 운동

자신의 느낌과 의도를 몸 전체나 손, 입 등을 이용해서 표현하는 신체 운동적 지능은 대뇌의 운동 영역, 소뇌, 기저핵과 관련이 있다. 뇌와 운동 사이에는 교차성 원리가 작용해서 좌뇌의 운동 영역은 우리 몸의 오른쪽, 우뇌의 운동 영역은 몸 왼쪽의 운동을 제어한다.

기본적인 동작에 관계된 뇌 부위의 발달은 생후 36개월 무렵 완성된다. 대근육은 목 가누기, 뒤집기, 앉기, 서기, 걷기 등 큰 근육 운동을 담당한다. 생후 4개월에는 뇌줄기의 발달로 고개를 가누고, 7개월에는 중뇌가 발달해 중력을 이길 수 있게 되면서 앉기, 기기가 가능해진다. 소근육운동의 발달은 지능에 영향을 미치는 대뇌피질과 소뇌가 주관하기 때문에 향후 지능 발달과 밀접한 관계가 있는 데 비해, 대근육운동의 발달은 운동 장애와 직접적으로 관련되기는 하지만 지능 발달과는 무관하다. 대근육운동의 감수성기는 뒤집고, 앉고, 서고, 걷는 역동적인 변화를 겪는 0~12개월인 반면, 소근육운동의 감수성기는 12~36개월로 늦기 때문에 지능은 소근육운동과 더 관련이 많다.

정서, 애착, 사회성

사회적인 관계 맺기나 도덕성, 그리고 정서에 필수적인 자기통제력은 양쪽 전두엽의 억제 작용이 있어야 가능하다. 왼쪽 안쪽의 전두피질은 좋은 기분을 느끼게 하고, 오른쪽 안쪽의 전두피질은 나쁜 기분을 느끼게 하는데, 이 두 전두엽의 활성 정도에 따라 아이가 얼마나 사회적으로 원만하고 사교성 있는 두뇌가 될지 결정된다. 전두엽이 활성화되는 최초의 시기는 6~12개월 무렵이다.

6~12개월은 아이의 기본 정서 발달과 키우는 사람과의 애착이 절정을 이룬다. 24개월에는 자아가 생기고, 36개월이 넘어가면 차츰 또래 친구에게 관심을 보이기 시작하면서 진정한 의미의 사회성이 발달한다. 만 5세 전후에는 보다 많은 아이들이 무리지어 노는 집단 놀이

도 즐기게 된다. 사회생활의 기술을 익히는 감수성기는 3~9세다.

논리·수학적 사고

　논리적 사고와 관련된 뇌 영역을 살펴보면 이마연합영역, 마루연합영역, 관자연합영역 등 대뇌연합영역과 해마, 편도체, 대상회, 소뇌, 뇌줄기 등이 있다. 그중에서도 무슨 일이든지 이치에 맞게 논리적으로 생각하고 수를 잘 다루는 논리수학적 사고는 좌전두엽 및 두정엽과 깊은 관련이 있다.

　실제로 우리가 계산을 할 때는 여러 뇌의 영역이 활발해지는데 특히 두정엽의 활성도가 가장 크다. 그중에서도 숫자를 비교하거나 덧셈, 뺄셈을 할 때는 우측의 하두정엽이 활성화된다. 같은 수학 영역이지만 곱셈이나 나눗셈을 할 때는 좌뇌의 하두정엽이 더 활성화된다. 이는 암기한 구구단을 이용해 계산을 하기 때문에 언어중추가 있는 좌뇌가 활성화되는 것이다. 수학에서 발달된 공간 지각력은 통문자로 한글을 익히는 데 영향을 미치고, 규칙성을 익히는 과정은 음악이나 체육과 같은 활동에도 도움이 된다.

　논리·수학적 사고는 뇌 발달 중에서도 가장 높은 단계이기 때문에 오감이나 언어 발달에 비해 감수성기가 늦어서 36개월까지다. 아이는 3세 이후부터 일상생활 속 사물을 대상으로 수를 셀 수 있다.

3. 오감 자극이 두뇌를 결정한다

신생아는 누구나 공평하게, 충분한 양의 뇌세포 덩어리를 갖고 있다. 뇌 발달에 중요한 뉴런이라 불리는 뇌세포는 평균 1,000억 개 정도 있고, 뉴런을 연결해주는 시냅스도 뉴런당 1,000~10만 개가량 될 만큼 충분하다. 아이는 36개월이 되기까지 뇌에 필요한 시냅스의 150~200%까지를 만든 다음, 사용되지 않거나 효율성이 떨어지는 시냅스를 없애는 가지치기를 하며 뇌를 보다 효율적으로 정리해가는 과정을 겪는다. 즉 성인이라고 아이보다 뉴런이 많은 것이 아니다. 뉴런의 숫자는 갓 태어난 아기나 성인이나 큰 차이가 없다.

다만 세포의 모양과 뉴런 간의 연결 상태에 차이가 있을 뿐이다. 신생아의 뉴런은 숫자상으로 성인과 비슷하지만 수상돌기가 거의 발달하지 않았다. 그리고 수상돌기가 발달해야 뉴런 간에 긴밀하고 섬세한 신경회로가 만들어진다.

뇌의 정보를 전달하는 데 중요한 역할을 하는 뉴런은 아기 때는 느슨하지만 성장하면서 점차 세밀해진다. 이 전깃줄 같은 회로가 긴밀할수록 뇌가 발달했다고 할 수 있다. 즉 지능이 높다는 뜻이다. 그렇다면 지능이 높은 아이는 창의력도 높을까?

머리가 좋다는 것과 창의력이 높다는 것은 비슷한 것 같지만 엄연히 다르다. 지능이 좋다는 것은 사고력, 기억력, 추리력 등 좌뇌의 기능이 좋다는 의미다. 물론 좌뇌의 기능이 우월하면 습득한 정보와 지식을 기억하고 해석하며 문제를 해결하는 능력이 높다. 하지만 습득한 정보를 어떻게 잘 활용할지는 직관력을 담당하는 우뇌에 의해 결정된다. 그래서 창의성은 우뇌의 역할이 매우 중요하다.

우뇌의 발달로 창의성을 키운다

많은 부모들은 아이에게 자율성을 주기보다 통제하고 가르치려고만 한다. 어릴 때부터 각종 유아 교육 기관을 섭렵하고, 갓 걸음마를 뗀 아이에게 공부를 시키는 모습도 그리 낯설지 않다. 행여 남들보다 뒤처지진 않을까 고민하며 새로운 정보를 찾아 나서기도 한다.

하지만 아이의 경쟁력은 남보다 빨리 교육을 시작하거나, 그저 지능만 높다고 생기는 것이 아니다. 아이의 잠재력을 최대치로 끌어올리도록 성장 과정에서 뇌를 최적화해야 한다. 경쟁력은 타고난 지능이나 조기 교육보다 훨씬 중요한데, 부모의 양육 방식과 생활 습관 등 후천적 환경에 더 좌우된다.

첫째, 오감을 통한 근원적 체험을 많이 시켜라.
평화로운 풍경, 숲의 냄새, 바닷바람의 감촉, 눈부신 석양, 풀밭에서 놀던 기억 등이 근원적 체험이다. 자연을 체험하며 자란 아이는 성장하면서 생명의 존엄성을 인식하고 남을 배려하는 능력을 가지며 창의적이다. 영유아기에 겪는 쾌감의 즐거움은 성인이 되었을 때의 인격이나 행동을 결정짓는다.

둘째, 몸을 많이 움직이게 하라.
요즘 아이들이 접하는 환경은 제한적이다. 앉아서 공부하고 실내에서 보내는 시간은 늘었지만 밖에서 몸을 움직이는 시간과 활동은 현저히 줄어든 것이다. 사고력이 발달하는 유아기에는 앉아서 지식을 습득하는 것보다 몸의 움직임과 놀이를 통해 뇌가 더 발달된다. 글자 공부를 하는 것보다 신체를 이용한 놀이를 할 때 뇌가 더 발달한다는 뜻이다. 또 주변 사람들과 어울리면서 느끼는 정서 경험 또한 전두엽 발달에 큰 영향을 미친다.
몸으로 하는 다양한 놀이는 호기심과 상상력을 자극하고 아이가 몰입할 수 있는 집중력을 높여준다. 아직 걷지 못하는 돌 전 아이에게도 몸의 움직임은 매우 중요하다. 다양한 동작이 뇌를 자극하기 때문이다.
이때 만일 언어나 수리 등의 학습에 치중하면 자칫 전두엽의 사고 기능에 과부하가 걸리게 된다. 그러나 운동 기능을 담당하는 소뇌를 활성화하면 다른 능력도 자연스럽게 자극을 받는다.

뇌는 외부에서 오는 수많은 감각 자극을 받아들이고 반응하면서 발달한다. 따라서 어렸을 때의 오감 자극은 뇌 발달의 기초 체력이 된다. 넋 놓고 TV 앞에 앉아 있는 것보다 공놀이, 달리기 등을 하는 것이 뇌를 자극하고 발달시킨다. 또한 종이접기, 찰흙 놀이, 퍼즐 게임 같은 놀이를 자주 시키는 것도 좋다.

셋째, 아이 뜻대로 하게 하자.

영유아의 뇌 발달에서 가장 많이 나오는 말이 '오감 자극'이다. 특정한 감각에 치우치지 않고 전뇌를 고루 자극해야 한다는 의미다. 그림책만 계속 읽어주거나 손으로 조작하는 놀이만 시키지 말고, 오감이 고루 발달할 수 있도록 다양한 기회를 주어야 한다. 그러기 위해서는 아이에게 마음대로 할 수 있게 해주어야 한다.

아이는 본능적으로 오감을 발달시키는 쪽으로 놀려고 하는데 부모가 특정한 놀이를 반복하고 마치 시간표를 짜듯이 틀에 짜 맞추어 키우려는 것은 옳지 않다. 아이 스스로 부지런히 움직이며 집 안을 탐색하고, 소리를 내고 뛰어다니다 보면 자연스럽게 오감 자극을 충분히 받을 수 있기 때문이다. 영유아기에는 부모의 개입이 최소라야 바람직하다.

넷째, 스스로 생각하는 시간이 중요하다.

집중력, 기억력, 사고력만 키운다고 최적화된 뇌가 되는 것은 아니다. 오히려 안정된 정서가 더 중요하다. 또 창의력, 추리력, 통찰력이 아이의 뇌에 기본 베이스로 깔리려면 평소에 여유를 가지고 깊이 있게 생각하는 습관을 갖도록 해야 한다. 이것은 단순히 반복적인 학습 효과로 얻어지는 것이 아니다.

심리학자들은 창의성이 풍부한 아이의 경우, 상상의 날개를 펴고 혼자서 방법을 찾도록 부모가 시간을 충분히 주고 끊임없이 격려했다고 보고한다. 반면 그렇지 못한 아이는 어떤 일을 할 때 부모에게서 구체적인 지시와 가르침을 받는 것은 물론 과제를 할 때도 부모와 끊임없이 힘겨루기를 한다는 것이다. 생각하는 뇌를 만들기 위해서는 무엇보다 아이 스스로 생각하는 시간이 가장 중요하며 꼭 필요하다는 사실을 명심하자.

다섯째, 조기 교육이 뉴런을 죽일 수 있다.

지나친 조기 교육이나 선행 학습이 오히려 뇌에는 좋지 않은 영향을 미친다. 아이의 신경회로는 엉성하고 가늘어서, 어려운 내용을 입력하면 쉽게 과부하가 일어나고, 성취감보다 좌절감을 느끼게 된다. 또 미처 뇌가 준비되지 않은 상태에서 과도한 학습을 하면 코르티솔이라는 스트레스 호르몬이 나와 세로토닌과 같은 신경전달물질의 생성을 방해하고 뉴런을 죽일 수 있다. 즉 시켜서 하는 억지 교육은 아이의 뇌 활성도를 현격하게 떨어뜨린다.

여섯째, 시각 매체의 자극을 줄여라.

한때 우리 사회는 말하기와 글쓰기 문화가 지배했다. 사람들은 사랑방에 모여 이야기를 나누거나 책을 읽고 글을 씀으로써 더 나은 인간으로 성장했다. 그런데 요즘 아이들은 태어나는 순간부터 자극적인 시각 환경에 노출된다. TV 앞에서 많은 시간을 보내고 성장하면서 컴퓨터와 스마트폰에 노출되는 시기가 빨라졌고, 접하는 시간 또한 길어졌다.

영유아기의 아이가 TV를 보면 화면을 수동적으로 따라가기 때문에 뇌의 시각 체계가 제대로 자극받지 못해 나중에 말하고 읽고 쓰기에 어려움을 겪을 수 있다. 뇌의 고차원적인 사고를 담당하는 전두엽에서 지나가는 영상을 처리할 시간을 주지 않으므로 적극적인 뇌의 활동을 방해한다고 봐야 한다. TV 시청은 아이에게 재미와 단순한 호기심은 채워줄 수 있지만 고른 뇌 발달에는 효과적이지 못하다.

일곱째, 뇌를 위해 충분히 재우자.

뇌 발달에는 충분한 잠과 규칙적인 습관이 필수다. 또한 정신 에너지를 조절하는 것이 매우 중요하다. 숙면으로 몸이 자라면서 뇌도 발달하기 때문이다. 아이는 깨어 있는 동안 끊임없이 뭔가를 보고 만지고 몸을 움직인다. 이것이 아이가 낯선 세상을 배우는 방법이다. 그러나 하루 종일 탐구해도 아이는 시냅스 연결이 엉성하다 보니 뇌가 금방 지치게 된다. 이렇게 지친 뇌를 쉬게 하면서 다시 살리는 것이 바로 잠이다.

잠에는 두 가지 종류가 있는데, 뇌가 쉬는 시간인 논렘 수면과, 낮에 배운 것을 연습하는 렘 수면의 사이클이 반복된다. 논렘 수면을 하는 동안은 뇌 활동이 감소하고 면역 기능이 증가한다. 또 몇 가지 신경전달물질이 나와 몸이 개운해지는 효과를 준다. 렘 수면을 하는 동안은 뇌가 낮에 익혔던 단기 기억의 조각들을 해마에서 장기 기억으로 넘긴다. 잠이 부족한 아이는 논렘 수면이 줄어들지 않지만 종일 보고 배운 것을 다질 만한 렘 수면이 줄어든다. 따라서 장기 기억에 문제가 생길 수 있다.

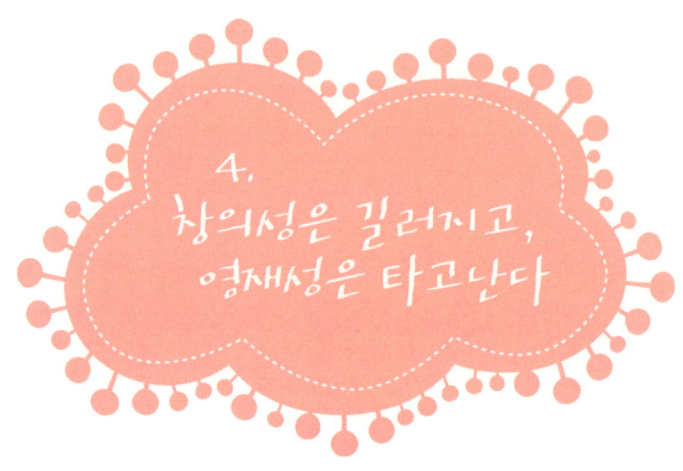

4. 창의성은 길러지고, 영재성은 타고난다

창의성은 무엇인가?

　창의성과 영재성은 반드시 일치하는 것이 아니다. 영재성은 타고난 어떤 재능을 의미하는 반면, 창의성은 어떤 결과물을 생산하는 행동이다. 1920년대 미국 캘리포니아에서 수만 명의 아이들에게 지능 테스트를 실시해서 그중 높은 점수를 얻은 아이 수백 명을 영재로 판정했다. 그리고 그 영재들의 성장 과정을 장시간 추적했다.

　50여 년이 지난 1970년대에 그들을 다시 조사했더니, 자신의 영역에서 창의성을 발휘해서 유명해진 사람은 없었다. 영재성이 있는 아이가 커서 창의적인 사람이 된다는 보장이 없다는 뜻이다.

　창의성은 자신의 생각이나 계획을 일정한 틀에 맞추지 않고 자유롭게 표현할 수 있는 능력이다. 또 21세기 교육계의 최대 화두는 창의성이라 해도 과언이 아니다. 남다른 생각을 하는 것, 스스로 즐겁게 답을 찾아가는 창의성을 통해 스티브 잡스는 아이폰과 아이패드를 탄생시켰고, 세계 컴퓨터계의 역사를 새로 썼다. 기존 틀을 무력화할 수 있는 창의력을 길러야 한다거나, 다르게 생각하라는 주문이 이루어낸 결과인 것이다. 자, 그렇다면 창의력은 타고나는가? 아니면 교육으로 키워지는가?

창의력은 훈련과 연습으로 길러지는 것이다. 일상생활 속에서 작은 일도 색다르게 보고, 그 원인을 생각하고, 다르게 표현하는 습관을 통해 창의력이 길러진다는 얘기다. 창의력은 서로 다른 사물을 조합하는 능력이기도 하다. 때문에 서로 전혀 관련이 없어 보이는 것을 관련지어본다거나 보이지 않는 것까지 생각해보는 습관을 들이는 것이 중요하다.

창의성 연구의 대가로 알려진 J. P. 길포드의 연구에 따르면 지능이 높은 집단일수록 지능이 낮은 집단에 비해 창의성이 높은 아이가 있는가 하면 낮은 아이도 많다고 한다. 흔히 창의성과 영재성을 혼동하는데, 영재성을 가지고 있다고 해서 창의성이 뛰어난 것은 결코 아니라는 소리다.

창의성은 지능보다 환경의 영향을 더 많이 받기 때문에, 부모는 내 아이의 지능이 어떨 것이라고 섣불리 예단하기보다 창의성의 발견과 촉진을 위해 노력해야 할 것이다.

창의적인 아이가 되기 위해서는 동기가 가장 중요하다. 단, 창의적인 동기는 아이의 마음이 밝고 편안해야 생긴다는 사실이 더 중요하다. 경쟁적으로 평가하는 상황에서는 창의성과 영재성을 발휘하기 쉽지 않다.

남들보다 앞서야 하고 무엇인가를 빠른 시간 내에 정확하게 해야 하는 상황에서 어떻게 자발적으로 새로운 시도나 독창적인 시도를 하겠는가? 실제로 어렸을 때 영재성을 가진 아이들이 크면서 영재성이 사라지는 경우가 많은 것도 이런 이유다.

2장
0~24개월 창의력 오감육아

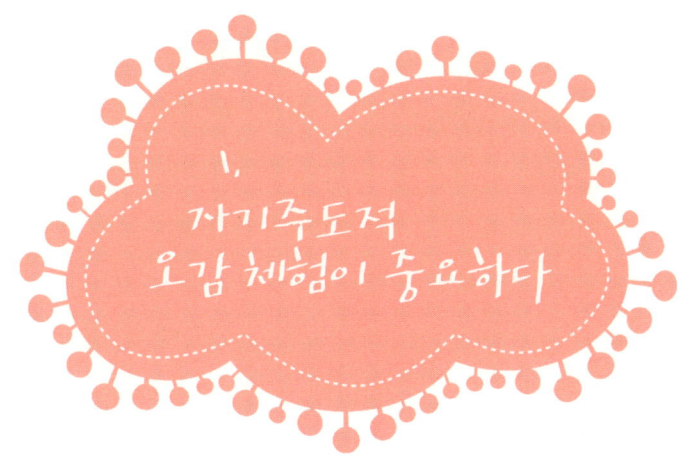

감각, 정서, 언어가 연결된 경험이 창의성이다

　스웨덴의 심리학자인 스미스는 71~84%의 정확성으로 창의성을 측정하는 검사법을 고안했다. 이는 어떤 그림을 점점 길거나 짧게 보여주면서 무슨 그림이냐고 묻는 방식인데, 창의성이 적은 사람일수록 현재에 집착한 반면, 창의적인 사람들은 애매모호함과 새로움을 받아들였다고 한다.

　애매모호함과 새로움을 적극적으로 받아들이려면 공감각의 기초가 있어야 한다. 공감각은 우리 몸의 오감과 운동이 결합된 전체 체험으로 형성된다. 또 바깥에서 뛰어놀지 못하고 자라는 아이는 전체 체험이 부족하다는 점에 주목할 필요가 있다. 창의성은 감각, 정서, 언어가 기본으로 연결되고 온몸을 쓰는 체험을 통해 더욱 높아지는 것이다.

또한 어릴 때 두뇌 계발 책이나 컴퓨터로 체험하는 것은 공감각이 부족해서 전체 체험이 될 수 없다. 어릴 때 영재였던 아이들이 자라면서 평범해지는 것도 오감의 전체 체험이 부족한 채 과도한 문자 교육을 받았기 때문이기도 하다.

대부분의 부모는 아이를 창의적으로 키우기보다 아이의 창의성을 방해하기가 더 쉽다는 사실을 간과해서도 안 된다. 특히 육아 책에 나오는 발달 수준에 맞추려 하고, 아이가 새로운 일을 하지 못하도록 억제하기 쉽다. 창의성은 아이의 기질이나 성격과 관련이 깊고 이걸 파악하지 못하면 간과되기 쉽다. 창의성은 도전하고 실수하고, 또 실패도 해보면서, 다시 추슬러 도전하는 과정에서 키워지는 것이다.

부모의 양육 태도가 창의성을 결정한다

아이마다 창의성의 정도가 다른 것은 타고난 뇌의 차이라기보다 창의적인 것에 대한 호기심이나 자발성의 차이에 있다. 특히 부모의 양육 태도에 따라 창의성은 달라질 수 있으니 아이의 장점을 살려 키우는 게 좋다.

첫째, 창의성도 발달 패턴이 있다.
성숙한 삶이나 성공을 이루는 발달 패턴과 속도는 저마다 다르다.

타고난 영재도 있지만 뒤늦게 성공하는 경우도 있다. 뇌의 발달 패턴도 차이가 있다. 그 속도와 패턴을 무시하면 자존감, 유능감 그리고 자기주도성에 악영향을 미친다. 너무 빨리, 너무 많이 성공해도 이후 실패가 너무 크면 탄성회복력도 작동하지 않는다.

둘째, 1만 시간 법칙을 적용하라.
스티브 잡스나 아인슈타인은 창의적이었다. 그런데 이런 창의성은 일정 시간 준비하는 과정이 필요하다. 또 자신을 표현하기 위해서는 그 분야의 달인이어야 한다는 사실을 알아야 한다. 즉 전문적인 경지에 올라야 창의력이 나온다. 이것이 1만 시간 법칙이다. 어느 분야에서 창의적이 되려면 1만 시간 이상의 노출이 필요하다.

셋째, 옆집 아이와 비교하지 마라.
"옆집 아이는 벌써 숫자를 세는데 얘는 왜 이러지?" 하는 식의 비교는 부정적인 영향을 준다. 부모가 비교하면, 아이는 놀랄 만큼 민감하게 알아채고 불안해하면서 더 잘하려고 노력하게 된다. 자신의 고유 일정에 따라 발달하지 못하고 부모의 기대를 충족시키기 위해 다른 발달에 더 집중할 경우, 아이의 뇌는 균형을 잃을 수 있다.

넷째, 자기주도적인 감각 체험을 많이 하게 하라.
자기주도적으로 감각적인 놀이를 많이 한 아이는 자신의 감각으로 의미의 맥락을 만들기 때문에 창의력이 좋아진다. 또 오감의 체험은 무의식과 연동되기 때문에 일상생활에서도 진취적이다. 아이 스스로 체험할 수 있는 기회를 많이 제공하자.

다섯째, 아이가 자기 의견을 내세우는 것을 기뻐하고 축하하라.
기억력, 인지력이 발달하면서 달리기, 계단 오르내리기, 말 따라 하기, 노래 부르기 등 좀 더 어려운 기능도 함께 발달한다. 이 과정을 통해 아이는 자기만의 기억을 토대로 세상을 바라보는 것이 가능해지고, 미약하나마 자신의 논리라는 것이 생긴다.

무조건 부모의 말을 듣고 따르기보다 그 이유를 궁금해하고 자기의 의견을 내세우는 것이다. 아이가 갑자기 "아니야!" 또는 "싫어!"라고 하기 시작하면, 부모는 뭐가 잘못되었을까, 어떻게 교육해야 할까 조급해하지 말고, 아이가 드디어 자기 생각으로 세상을 볼 수 있게 되었다는 걸 기뻐하고 축하해주어야 한다.

2. 아이는 놀면서 두뇌가 발달한다

공감각은 창의력과 기억력의 핵심이다

감각을 받아들이는 뇌는 체감각의 뇌, 시감각의 뇌, 청감각의 뇌로 나뉘고, 1차 영역에서 나온 정보들은 다시 한 번 종합적으로 처리되면서 2차 영역으로 간다. 이 영역은 아인슈타인의 뇌라고 불리는 두정엽에 있으며, 촉각과 온도 감각 등 체감각이 연합하는 체감각연합영역, 시각이 연합하는 시각연합영역, 청각이 연합하는 청각연합영역이 있다. 인간으로 진화할수록 1차 영역보다는 연합영역의 비중이 점점 커지는 양상을 보인다.

실제로 인간의 대뇌피질은 연합피질이 큰 영역을 차지한다. 이렇게 연합감각영역에서 처리된 감각 정보들이 최종적으로 통합되는 것은 측두엽 안쪽에 있는 다중감각연합영역이다. 다중감각연합영역이야말로 여러 감각이 모이는 집합소인 것이다. 청각, 시각, 체감각뿐만 아니라 미각과 후각도 합류한다. 결국 다중감각연합영역 덕분에 아이가 누군가를 볼 때 그 사람의 형상, 목소리, 냄새가 총체적으로 결합해서 하나의 전체적 기억을 형성한다.

이렇게 다중감각연합영역에 모인 정보는 해마, 편도체를 지나 전전두엽에서 비교, 분석, 예측, 판단을 하게 된다. 창의력은 여기에서 나온다.

공감각은 창의력과 기억력의 핵심이다. 화가인 칸딘스키는 그림에서 음악을 들었고, 작곡가 드뷔시는 음악 소리에서 색을 보았으며, 물리학자 리처드 파인만도 공식에서 색깔을 보았다고 한다. 이런 창의성과 공감각은 거의 모든 아이들이 가지고 있다. 뇌는 뉴런들이 복잡하게 연결되어 있기 때문이다. 따라서 자라나는 과정에서 이 공감각을 어떻게 유지하는가가 매우 중요하다.

창의성은 태어날 때부터 개발되기 시작해서 만 4~5세에 절정에 달하고, 13세 이후 서서히 떨어지는 것으로 알려져 있다. 반면 논리력은 창의성보다 늦은 유아기 후반에 발달하기 시작해서 성인이 될 때까지 꾸준히 향상된다. 유아기와 초등학생 때가 창의성이 발달하는 결정적 시기인 것이다. 이때 오감의 경험이 가장 많이 필요하다.

아기들은 물건을 손으로 만져보고, 입으로 빨면서 사물에 대한 호기심을 갖기 시작한다. 말을 하면서부터는 "엄마, 이게 뭐야?", "어떻게 해야 새처럼 날 수 있어?"라고 묻거나, 벽과 방바닥에 자신만의 낙서를 하기도 한다. 이런 놀이로 지적인 호기심을 충족하는 것이다.

아이는 태어날 때부터 자신의 능력을 표현하고 발달시키려는 욕구를 가지고 있기 때문에 다양한 자극에 적극적으로 반응한다. 또한 눈과 귀, 피부 등 감각기의 자극을 통해 뇌 안의 신경회로를 형성한다.

아이가 자극을 받아 새로운 것을 배우면, 뉴런의 가지돌기가 점점 자라나 옆에 있는 또 다른 가지돌기와 연결되어 섬세하게 발달하는데, 하나의 가지돌기가 다른 가지돌기와 이렇게 접촉하는 부위를 시냅스라고 한다. 시냅스가 발달하면 할수록 머리가 좋고 창의력이 많은 아이로 성장하게 된다. 따라서 눈이나 귀, 피부 등 감각기에 많은 자극을 주어 아기의 시냅스가 잘 발달할 수 있는 환경을 만들어주어야 한다.

모든 능력을 발휘할 수 있는 뇌의 그릇 만들기

인간의 뇌는 놀랄 만큼 유연하며 그 유연함은 양날의 칼이다. 시각을 담당하는 후두엽에 영상 정보가 보내지면 후측두엽의 상과 하로 나뉘어 보내져서 본 것이 무엇인지(What)와 어떤 상태인지(How)를 구분하게 된다. What 회로는 장기 기억을 토대로 '사과'임을 판별하고, How 회로는 색, 모양, 크기 등 사과의 상태에 해당하는 정보를 판별한다. 이것을 바탕으로 판단을 내리는 것이 전두엽이다.

뇌의 각 영역은 특정한 기능을 담당하지만 이런 구분이 절대적인 것은 아니다. 만약 아이가 사고로 손이나 발을 잃게 되면 곧 그 신체 부위를 담당하던 뇌 영역은 시냅스가 소멸되어 기능하지 않는다. 손과 발을 잃지 않더라도 한동안 그 부분을 사용하지 않으면 움직임이 둔해지는 것도 담당하는 뇌의 시냅스가 가지치기되었기 때문이다.

하지만 한번 만들어진 시냅스는 일시적으로 가지치기되어도 필요에 따라 아주 쉽게 재구성된다. 어릴 때 배운 자전거 타기를 20년 후에도 잘 탈 수 있는 이치다.

단 뇌는 초기 성장기에 제대로 발달하지 못해 피해를 입으면 이런 유연함으로도 복구할 수 없다. 예를 들어 언어 능력이나 공간 지각, 순발력 등 인간의 기본적인 능력들은 대부분 생후 3~4년 이내에 발달하는데, 이 기간에 발달이 방해를 받으면 해당 기능은 복구하기 어렵다. 따라서 유아기에는 조기 교육을 통해 특정 분야의 정보를 주입하기보다 아이가 가지고 태어난 모든 능력을 잘 발휘할 수 있는 그릇을 만들어주어야 한다. 아직 틀도 제대로 잡히지 않은 그릇을 학습으로 채우기부터 한다면 아이의 뇌는 제대로 발달할 수 없다.

오감이 발달하면서 뇌도 함께 발달

신생아의 감각과 지각은 발달해 있지만 아직 미성숙하다. 하지만 아이는 놀이를 하면서 뇌를 발달시킨다. 부모는 아이와 함께 노래를 부른다거나, 춤을 춘다거나, 꺼안아준다거나, 흔든다거나, 말을 걸어준다거나, 냄새를 맡게 한다거나, 맛을 보게 한다거나 해서 아이의 뇌에 새로운 신경회로를 만들어줄 수 있다. 0~24개월에는 고도의 정신 활동을 담당하는 대뇌피질이 집중적으로 발달하는데, 구체적으로 사고와 언어, 운동을 담당하는 전두엽, 촉각을 담당하는 두정엽, 시각을 담당하는 후두엽이 이에 해당한다.

따라서 0~24개월 아이는 오감 발달에 중점을 두어야 한다. 이때 아이의 오감 중에서 시각이 80%를 차지할 정도로 지배적이지만, 다른 감각의 균형적인 발달도 뇌 발달에 중요하다. 일단 오감을 살펴보자.

시각(seeing): 신생아는 20cm 정도 거리에서 양쪽으로 초점을 맞출 수 있고, 움직이는 사물을 따라 움직일 수 있으며, 2주부터는 확실히 원색을 구별할 수 있다.

청각(hearing): 목소리의 크기와 높낮이를 구분할 수 있고, '파(pah)'와 '바(bah)' 같이 비슷한 소리를 구분할 수 있다. 또한 신생아는 리듬 있는 소리에 따라 부드럽게 움직일 수 있다.

후각(smelling): 후각은 태어날 때부터 잘 발달되어 있다. 신생아는 매우 좋아하는 냄새와 싫어하는 냄새가 있다.

미각(tasting): 신생아는 짠맛보다 단맛을 선호한다. 또한 신맛과 쓴맛을 구분할 수 있다.

촉각(touching): 신생아들은 자신의 몸 전체를 만지는 것에 반응하고, 여자아이는 남자아이보다 더 그럴 가능성이 높다.

좋은 음악은 집중력을 키운다

아기를 여러 가지 자극에 노출시키는 것은 꼭 필요하다. 아기에게 시계 소리를 들려주거나 여기저기의 여러 가지 소리를 들려주자. 라디오 소리, 믹서기 소리, 냉장고 소리, 진공청소기 소리, 문을 열고 닫는 소리, 창을 열고 닫는 소리, 서랍을 열고 닫는 소리 등을 의도적으로 들려준다. 즉 색채, 음악, 언어, 자연의 소리, 기계 소리, 감촉, 냄새, 맛 등을 느끼게 해주어야 한다.

이렇게 여러 가지 자극을 준 것은 자라면서 새로운 학습에 대처할 유연한 뇌를 마련해준다는 점에서 중요하다. 우선 새소리를 주의해서 듣도록 자극을 준다. 새가 우는 소리를 듣게 되면 새소리를 흉내 내서 들려준다. 그리고 아기에게 그 소리를 흉내 내라고 권해본다. 이렇게 계속하다 보면 아기도 새소리를 따라서 해보려고 노력할 것이다.

어릴 때 좋은 음악, 다양한 음악을 들은 아이는 신경회로가 섬세해지고 뇌 발달이 빠르다. 흔히 아이의 뇌 발달에 좋다고 알려진 클래식 음악뿐 아니라, 우리 전통 가락이나 전래 동요도 리듬과 선율, 박자가 단순하고 지속적으로 반복되기 때문에 아이에게 좋은 자극이 된다.

각각의 사물이 지니는 거칠고 독특한 소리 역시 아이에게 색다른 음악적 경험을 제공한다. 딸랑이나 모빌 등 아이 장난감에 담긴 소리를 들려주는 것부터 그릇, 컵, 냄비 등 생활용품을 이용해 다양한 소리를 들려주는 것도 좋다. 또한 스크린을 쳐놓고 여러 소리를 들려주고 확인하는 놀이도 뇌 발달에 좋다.

말을 제대로 못하는 아기도 음악을 들으면 반응을 보인다. 이때의 음악적 경험은 시간-공간-추리 능력을 향상시키며, 수학적 개념의 학습을 촉진한다. 또한 생각하는 능력을 길러주고, 물건 하나가 여러 가지로 이용된다는 것을 보여주면 융통성도 기를 수 있다. 즉 물을 마실 때 사용하는 컵이지만 두들기면 소리 나는 악기가 되고, 물을 다른 그릇에 옮겨 담을 수 있다는 걸 깨달을 수 있다.

아기와 부모가 함께 좋아하는 음악을 부모가 노래하거나 악기로 연주하라. 그리고 아기가 그 음악을 듣고 보이는 행동에 반응을 보여주라. 만일 아기가 좌우로 흔들면 부모도 그렇게 하라. 음악은 다양할수록 좋다. 만일 아이가 깡충 뛰면 부모도 그렇게 하라. 점프하기, 미끄럼 타기, 뛰기, 발가락으로 걷기, 빙빙 돌기 등을 할 수 있다. 음악적 경험은 언어 발달, 운동 발달, 감각의 통합에 아주 중요한 역할을 한다.

영아기때 미각과 촉각의 자극은 중요하다

생후 4개월부터 아이가 이유식을 시작하면, 다양한 음식을 맛보게 하는 것이 중요하다. 매일 같은 음식을 먹이거나 가루로 갈아서 각각의 맛을 느낄 수가 없는 이유식은 아기의 미각을 발달시키는 데 도움이 되지 못한다.

미각 자극은 뇌 발달에 빼놓을 수 없는 것으로, 미각이 둔하면 뇌 발달이 늦어질 수 있다. 이유식은 신선한 재료로 만들어 먹이고, 액체가 아니라 반고형이나 고형 상태로 줘서 씹는 연습을 할 수 있도록 해주는 게 좋다. 또 보기 좋고 냄새 좋은 음식을 맛볼 수 있도록 해서 시각, 후각, 미각을 함께 발달시키도록 한다.

여러 가지 재질의 물건을 모아놓고 만지게 하자. 딱딱한 것, 부드러운 것, 말랑말랑한 것, 각진 것, 동그란 것 등의 물체를 가지고 놀게 해서 촉감 차이로 물체의 속성을 알게 한다.

피부는 뇌와 풍부한 신경회로로 연결되어 있어서, 서로 정보를 주고받으며 엔도르핀 분비를 촉진하고 뇌 발달을 돕는다. 특히 손가락은 가장 섬세한 피부로 뇌의 가장 많은 영역을 차지하면서 뇌 발달에 중요한 역할을 한다.

천으로 주머니를 만든 다음 그 안에 종이, 가죽, 플라스틱, 유리 등 다양한 감촉을 가진 물건을 넣고 만지게 하라. 아이가 주머니 속에서 물건을 꺼낼 때마다 "야! ○○이다" 하고 이름을 말하고 탄성을 질러 보자. 아이는 자기가 꺼낸 물건의 촉감을 뇌에 새기면서, 신이 나서 다른 물건을 집으려고 또 주머니에 손을 넣을 것이다.

부모와 아이가 함께하는 오감육아

■ **아이의 후각 발달을 돕는 부모의 역할**

❶ **신생아를 서둘러 씻기지 마라.**
양수를 가슴에 바르면 젖을 먹이기도 더 쉽고, 양수 냄새를 맡으면 아기가 덜 운다. 아기에게 안정감을 주기 때문이다.

❷ **향수를 사용하지 마라.**
자연 그대로의 냄새를 기억하게 하는 것이 가장 좋다. 아기가 악취에 익숙해지면 안 된다. 젖은 기저귀를 그대로 채워두면 그 냄새에 익숙해져서 불결에 대한 불감증이 생긴다.

❸ **신생아의 코막힘을 잘 관리하라.**
출생 직후 쥐들의 한쪽 콧구멍을 막아 냄새를 맡지 못하게 하면 막힌 쪽의 후각신경은 성장이 저하되었다는 연구 결과가 있다. 아기의 코가 막히지 않도록 적절한 습도를 유지하고 환기를 해야 한다.

❹ **좋아하는 향기를 통해 자극하자.**
아기가 좋아하는 향을 맡으면 정서적인 안정감을 느낀다. 수시로 과일이나 버터, 바닐라 향과 같이 아기들이 좋아하는 향으로 자극을 주면 좋다.

❺ **자연의 향기를 자주 맡게 하라.**
사과, 자두, 우유, 모유 등 자연의 향이 후각 발달에 좋다. 요리할 때는 물론 산책할 때도 솔잎이나 들꽃을 따서 아기에게 자연의 향기를 맡게 해준다.

❻ 꽃향기나 과일 향으로 후각을 자극하고 어휘력을 늘리자.
향기가 있는 꽃을 아기 코 근처에 대서 후각을 발달시키자. "이건 장미야. 향이 참 좋지? 한번 맡아볼래?" 엄마의 말과 함께 향을 맡게 하면 언어도 발달된다.

❼ 산책을 하자.
비가 그친 후 유모차에 아기를 태우고 산책을 나가서 맑은 하늘과 상쾌한 공기를 체험하게 한다. 산책으로 자연의 향을 자주 접하면 좋다.

■ 아이의 미각 발달을 돕는 부모의 역할

❶ 처음에 싫어하더라도 몇 번 맛을 보게 하라.
24개월 아이도 과일이나 치즈 등 독특한 맛을 내는 음식에 대한 감각을 발달시킬 수 있다. 처음 먹는 음식을 뱉는 아이도 몇 번 맛을 보면 좋아하게 된다.

❷ 단맛과 짠맛은 가능하면 늦추어라.
단맛과 짠맛에 대한 선호는 부모가 고치기 어렵다. 따라서 어릴 때 식단을 잘 조절해서, 아이가 단맛이나 짠맛을 찾는 환경이 되지 않도록 해야 한다.

❸ 미각에 관한 단어를 익히게 하자.
홍초, 간장, 들기름, 요구르트, 홍삼을 그릇에 넣고 빨대로 맛을 보게 한다. 아이는 맛있다고 느끼는 것을 계속 먹을 것이다. 이때 아이에게 미각과 관련된 단어를 말해준다.

❹ 음식의 다양한 질감을 느끼게 하자.
미각은 단순한 맛이 아니라 다양한 음식의 굳기와 무르기, 질감을 느끼게 하는 것이다. 다양한 맛과 다양한 식감을 경험하게 한다.

❺ 제철 과일 우유로 다양한 과일의 맛을 보여주자.
다양한 과일로 즙을 낸 뒤 우유에 넣어 과일 우유를 만들면 미각을 자극할 수 있다.

■ 아기와 함께하는 촉각 놀이

❶ 주위의 사물을 이용하자.
뾰족한 밤 가시부터 솜, 깃털, 수세미, 소라껍데기, 로션 등 여러 가지 사물을 만지게 하면서 뾰족뾰족하다, 부드럽다, 간질간질하다, 울퉁불퉁하다, 까칠까칠하다, 미끌미끌하다 등의 느낌을 표현하자.

❷ 촉각놀이판을 만들자.
질감이 다양한 재료를 일정한 크기로 잘라 두꺼운 종이에 붙여 촉각놀이판을 만든다. 아기의 손등에 적당한 자극을 주면서 "까끌까끌하구나", "말랑말랑하네" 등의 말을 건네자.

❸ 촉각상자를 만들자.
빈 화장지 박스 안에 벨벳, 사포, 모피 등 질감의 차이가 뚜렷한 재질을 넣어보자. 아기가 손끝으로 받아들인 부드러움, 따가움, 울퉁불퉁함 등의 느낌을 언어로 표현하자.

❹ 촉각장난감으로 놀이를 하자.
고무 장난감, 나무나 플라스틱, 다양한 감촉의 헝겊 인형, 모래 등 여러 가지 재질의 촉각장난감으로 놀이를 하자.

❺ 맨발로 걸어보자.
걷기 시작하는 시기에는 가끔 맨발로 양탄자나 타일 바닥 등을 걷게 하고, 볕이 좋은 날에는 모래밭, 풀밭 위를 걷도록 하면 촉각 발달에 좋다.

❻ 오곡을 만져보자.
아이에게 손가락으로 작은 옥수수 알갱이들을 만져보게 하자. 보고, 만지고, 냄새 맡고, 사르륵사르륵 몰려 구르는 마른 옥수수의 소리를 듣는 등 오감 모두를 자극할 수 있다.

❼ 전분으로 촉각 놀이를 하자.
전분에 물을 섞으면 액체에서 고체로 변하는 것을 보여줄 수 있다. 입자가 고우면 체에 거를 수 있다는 것도 가르치자. 전분은 물에 개면 독특하게 뭉쳐지기 때문에 밀가루와는 다르게 즐길 수 있다.

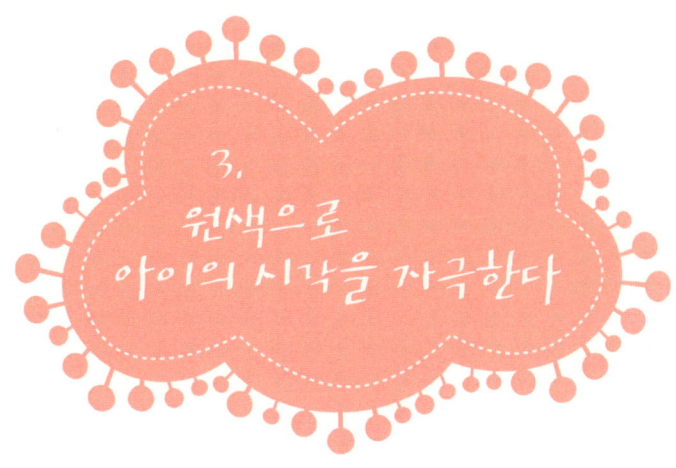

3. 원색으로 아이의 시각을 자극한다

생후 4개월에는 물체의 색과 윤곽을 구별할 수 있다

신생아에게 세상은 어떻게 보일까? 아기는 우리가 알고 있는 것보다 훨씬 잘 볼 수 있다. 아무것도 알아보지 못할 것 같은 아기의 눈은 시력이 0.05 미만, 초점 거리가 25cm 이내로 제한되어 있다. 하지만 아기는 시야 안에 있는 물체에 초점을 맞추기 위해 열심히 노력한다. 주의력의 기초가 되는 시각적 패턴 인식의 기반은 이 시기에 형성된다.

아기는 태어나면서부터 시야 안에서 조금 큰 물체가 확실하게 튀어나와서 천천히 움직이면 알아볼 수 있지만, 아직 상세한 것은 구별하지 못한다. 그러므로 일단 물체가 시야에 들어와도 똑똑히 볼 수 없기 때문에 관심이 금세 사라진다.

1개월 반 무렵까지의 아기라도 주의를 끌면서 물체를 한 번에 10cm 정도씩 계속 움직이면, 60cm 정도까지는 눈으로 좇을 수 있다. 2개월 반이 되면 머리 위에서 서서히 움직이는 것을 쉽게 쳐다본다. 이전보다 쉽게 자기의 머리를 조절할 수 있고, 자발적으로 눈을 움직일 수 있기 때문이다. 아기가 3개월이 되면 한 번에 몇 분씩이나 방 안에서 움직이는 물체를 눈으로 따라갈 수 있다.

  생후 4개월에는 색과 자세한 윤곽을 구별할 수 있고, 시야도 180도로 넓어진다. 망막의 기능이 발달하고, 초점을 맞추는 근육을 마음대로 조절할 수 있기 때문이다. 원근감도 생기기 시작한다. 선명하게 보이는 거리도 생후 2개월에는 50cm 정도까지가 고작이지만, 기어 다니기 시작하는 8개월 무렵에는 2m 정도로 늘어난다.

  신생아는 파스텔 색보다 원색을 좋아한다. 망막의 발달이 늦어서 푸른색을 보지 못해도 붉은색과 노란색은 구분할 수 있기 때문이다. 특히 붉은색 계통을 가장 좋아하고 노란색, 흰색 순으로 좋아한다. 아기가 2~3개월이 지나면 붉은색을 계속 좋아하면서 하얀색을 붉은색만큼 좋아하고, 노란색에 대한 관심은 줄어든다.

  아기는 인공적인 색깔보다 자연의 색깔을 더 좋아한다. 밝은 꽃의 색깔, 붉고 노란 가을의 단풍, 푸른 하늘에 대비되는 나뭇가지의 색깔을 좋아한다. 6개월이 되어야 파스텔 색을 알게 되는데, 커가면서 원색보다는 파스텔 색을 좋아하기 시작한다. 물론 아기에게도 색의 취향이나 유전적인 경향이 있지만 뇌 발달에 따른 색의 선호도는 자연적인 색이 더 강하다.

시각 발달을 위한 부모의 역할

아이의 시각 발달을 돕기 위해 부모는 다음과 같이 노력해야 한다.

첫째, 엎어 키워라.
시각을 발달시키려면 엎어 키우는 것이 효과적이다. 엎드린 상태에서 고개를 들면 다른 각도로 볼 수 있고, 보이지 않았던 것도 볼 수 있기 때문이다. 즉 사물을 입체적으로 보며 색다른 체험을 하는 것이다. 얼굴을 잘 들면 들수록 보는 범위도 넓어진다.

둘째, 흉내 내기를 유도하라.
아기는 사람의 얼굴, 특히 눈과 입 주변을 자세히 본다. 엄마의 얼굴을 볼 때는 눈이 빛나고, 매우 조용해진다. 신생아의 눈앞에서 혀를 내밀거나 입술을 오므리면 아기도 같은 표정을 짓는데, 몇 주 후에는 슬픈 얼굴, 기쁜 얼굴, 놀란 얼굴도 흉내 낼 수 있다. 이것은 거울뉴런 때문이다. 거울뉴런은 어떤 특정 동작을 할 때뿐 아니라 동작을 보거나 소리를 들을 때도 활성화되는 뉴런이다.

셋째, 모빌은 아기가 좋아하는 모양을 골라라.
생후 6주 이하의 아기를 웃음 짓게 하려면 얼굴 전체를 보여줄 필요가 없다. 두 개의 동그란 점이 찍힌 마스크를 보여주어도 얼굴을 보여줄 때와 마찬가지로 아기들은 웃음 짓는다. 특히 아기가 좋아하는 모양은 엄마의 머리, 눈, 코, 입의 윤곽이 그려진 그림이다. 아기들은 세밀하게 볼 수 없지만 뚜렷한 윤곽을 알 수 있고, 3차원 영상도 인식한다.

아기는 평면보다는 입체, 직선보다는 곡선, 뚜렷한 명암이 있는 것에 더 흥미를 느낀다. 또한 형태보다는 움직임을 더 선호한다. 따라서 모빌은 추상적이고, 입체적이며, 뚜렷한 명암이 있고, 곡선으로 된 원색을 골라야 한다. 모빌에서 소리가 나면 아기는 더 즐거워한다.

넷째, 밝고 화려한 색깔의 티셔츠를 입어라.

아기가 주로 보는 것은 부모의 옷이므로 옷의 색깔을 아기의 시각에 맞추자. 생후 6개월 이전에는 원색을 좋아하므로, 흰색 티셔츠 대신 붉은색이나 노란색처럼 밝고 화려한 색깔의 티셔츠를 입으면 아기의 관심을 끌고 자극을 줄 수 있다.

다섯째, 까꿍 놀이로 워킹메모리를 발달시켜라.

6개월부터는 하위 뇌인 뇌줄기가 아닌 대뇌피질에서 눈의 움직임을 통제하게 된다. 이제 아기는 단순반사로 눈을 움직이는 것이 아니라 의지로 사물을 바라본다. 이때 기억력이 비약적으로 발달하며, 사물을 바라볼 때 이전의 시각 경험을 떠올리고 비교하고 대조한다. 그 과정에서 새로운 기억이 만들어질 뿐 아니라 오래된 기억이 강화된다. 6개월에 까꿍 놀이를 해주면 워킹메모리를 증가시켜 뇌 발달에 좋다.

여섯째, 단순하고 선명한 그림책을 읽어주자.

색깔이 선명하고 상세한 그림책을 보여주면 아기는 시각적인 자극을 받는다. 단 색깔이 너무 많거나 복잡한 그림이 그려진 책은 피하는 것이 좋다. 또 그림책을 보면서 가능하면 많은 이야기를 들려주자. 수용언어를 담당하는 베르니케 영역은 12개월 이전에도 발달하기 때문에 아기는 부모의 이야기를 이해할 수 있다.

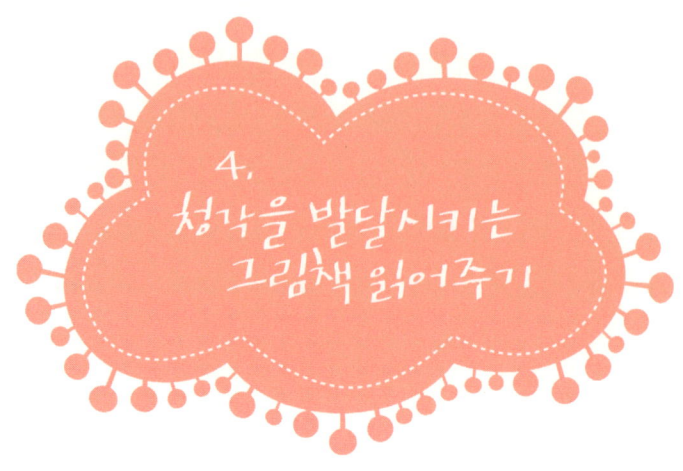

4. 청각을 발달시키는
그림책 읽어주기

청력은 언어 발달에 큰 영향을 미친다

신생아는 태어난 순간부터 들을 수 있다. 생후 일주일 정도까지는 귓구멍에 태지라고 불리는 지방이 들어차 있고, 고막이 미성숙하며, 고막의 안쪽에 붙어 소리를 전달하는 청소골도 잘 흔들리지 않아 완전하게 듣지는 못한다. 소리가 뇌에 전달되는 속도도 성인이 초속 50~60m인 데 비해 신생아는 초속 20m에 불과하다. 소리를 인지하기까지 시간이 3배 걸리는 것이다.

그러나 자기의 울음소리와 다른 아기의 소리를 구별할 뿐 아니라, 진짜 울음소리와 컴퓨터로 합성한 소리를 구별할 수 있으며, 사람의 목소리와 벨 소리도 구분할 수 있다.

3개월 아기는 소리가 나는 쪽으로 얼굴을 돌릴 수 있고, 4개월이 되면 청력이나 음감이 빠르게 발달해서 여러 가지 음색을 구분할 수 있고 엄마나 아빠의 목소리도 알아듣는다. 소리를 듣고 방향을 알 수 있어서 소리가 나는 쪽으로 쉽게 얼굴이나 몸을 돌릴 수 있다.

난청을 가진 아기라도 옹알이는 정상적으로 한다. 그러나 9~18개월이 되면 더 이상 옹알이를 하지 못한다. 소리를 흉내 내지 못하기 때문이다. 보통 아기는 9개월이 되면 소리를 흉내 내기 시작하는데, 난청인 아기는 이것이 불가능하다. 아기가 듣지 못하는 원인은 여러 가지다. 미숙아로 태어났거나 유전 질환, 임신 초기의 풍진 감염 때문일 수도 있다. 또 태어난 후 홍역이나 볼거리, 뇌수막염, 반복되는 중이염 등에 걸리면 난청이 생길 수 있다.

청력은 언어 발달에 가장 큰 영향을 미치므로 6개월 이전의 아기가 큰 소리에도 놀라지 않거나, 진공청소기나 전화 소리를 경계하지 않고, 엄마의 목소리를 들어도 웃지 않는다면 꼭 청력 검사를 해봐야 한다.

6개월 이후에는 아기가 자기 이름을 불러도 반응하지 않거나, 방 건너편에서 부르는 엄마의 목소리에 전혀 고개를 돌리지 않거나, 엄마가 말을 걸어도 종알대지 않는 경우 청력 검사를 해봐야 한다. 요즘은 청력장애가 있더라도 보청기나 인공 와우 수술 등의 치료 방법이 많이 발달했기 때문에, 조기에 조치를 취하고 언어 치료를 하면 의사소통이나 언어 발달에 지장이 없다.

청각적 패턴 인식을 발달시키려면?

청각적 패턴 인식은 청각의 기초 공사라고 할 수 있다. 아이의 청각적 패턴 인식을 돕기 위해 부모는 다음과 같이 노력해야 한다.

<u>첫째, 신생아 때부터 소리를 듣는지 여부를 확인하라.</u>
신생아는 생후 며칠이 지나지 않아 큰 소리에 반응한다. 현관문이 '쾅' 하고 큰 소리를 내며 닫히면 잠자던 아기가 화들짝 놀라 깨어날 수도 있다. 큰 소리에 놀라지 않는다면 청각장애를 의심해야 한다. 일단 아기의 귀가 정상적인지 확인하려면 딸랑이를 이용하는 게 좋다. 아기의 귀에서 20~25cm 정도 떨어진 곳에서 딸랑이를 흔들어보면 알 수 있기 때문이다. 한쪽에서 흔들면 한쪽 얼굴이나 눈꺼풀이 움찔거린다. 아이가 볼 수 없도록 하고 탬버린이나 북같이 큰 소리가 나는 것을 옆에서 두들겼을 때 움찔하거나 눈을 깜빡거리지 않으면 청각장애를 의심해야 한다.

<u>둘째, 여러 방향에서 소리를 들려주자.</u>
3개월이 되면 소리의 방향을 알려주는 자극이 필요하다. 누워 있는 아기의 귀에다 대고 딸랑이를 흔들어준다. 아기가 고개를 돌려 바라보면 반대편 귀에다 대고 딸랑이를 흔들어준다. 딸랑이 소리에 익숙해지면 여러 방향에서 소리를 들려주어 소리 방향을 인식하게 하자.

셋째, 높은 음에 리듬감 있고 억양이 강한 말을 하라.

엄마의 목소리와 다른 사람의 목소리를 함께 들려주면 아기는 엄마의 목소리에 더 기분 좋게 반응한다. 엄마의 자궁 안에서 들었던 소리와 주파수, 리듬이 같기 때문이다. 아기는 주파수가 높은 여자 목소리와 리듬감 있고 억양이 강한 말을 좋아한다.

넷째, 아이의 목소리나 생활의 소리를 녹음해서 들려주자.

생활 주변의 다양한 소리를 녹음한 후 들려준다. 또한 노래를 부르는 아이의 목소리를 녹음한 다음 들려주어서 아기가 자신의 소리를 인식하고 변별해보도록 한다. 이를 통해 자아 인식과 함께 소리의 변별력을 높일 수 있다. 아이가 칭얼거리는 소리, 우는 소리, 웃는 소리 등을 녹음해서 감정에 따른 소리의 변화를 알려주는 것도 좋다.

다섯째, 의성어와 의태어가 있는 그림책을 읽어주자.

엄마가 다정한 목소리로 의성어와 의태어를 사용해서 그림책을 읽어주면 정서적 안정감을 느낄 수 있다. 그림책에 나오는 소리의 실제 소리를 들려주는 것도 좋다.

여섯째, 악기 놀이를 하자.

장난감 드럼 놀이는 리듬감과 청각을 발달시킬 뿐 아니라 소근육 발달에도 좋다. 실로폰, 탬버린, 장난감 피아노를 치는 것도 좋고, 나무 블록, 플라스틱 접시, 밥그릇, 주걱 등 일상용품을 두드리거나 부딪치는 것도 좋다. 다양한 소리로 각각의 소리에 대한 변별력을 키우고, 치는 힘에 따라 소리의 크기가 달라진다는 인과 개념을 익힐 수 있다.

일곱째, <u>스크린을 쳐놓고 여러 소리를 들려주자.</u>
  실물을 보이지 않게 하고 다양한 사물의 거칠고 독특한 소리를 들려주면 색다른 경험으로 청각 집중력이 높아진다. 스크린을 쳐놓고 다양한 나팔, 북, 실로폰 등 악기뿐 아니라 그릇, 컵, 냄비 등 생활용품으로 다양한 소리를 들려주고 소리를 확인하게 하자.

모차르트 음악은 뇌를 효과적으로 자극한다

■ **음악이 아이의 뇌를 활성화한다**

1993년, 미국의 프란시스 라우셔 박사가 음악이 인지 발달을 촉진한다는 연구 결과를 발표한 후 아기를 키우는 데 음악의 중요성이 강조되었다. 많은 부모들이 아기에게 모차르트의 작품과 같은 클래식을 들려주는 열풍이 불기도 했다. 그러나 당시의 연구는 대학생을 대상으로 한 것이고, 모차르트 음악의 정서가 IQ를 높인 것이지, 뇌 발달에 영향을 주어 IQ가 높아졌다고 볼 수는 없다.

아이들은 외부에서 들어오는 여러 가지 자극을 통해 뇌를 발달시킨다. 이때 아이의 뇌 발달에 가장 큰 영향을 미치는 것 중 하나가 바로 소리다. 머릿속의 신경회로는 자극을 받을수록 더 많이 연결되고, 더 많이 연결될수록 인지 발달이 강화된다. 특히 음악이나 다양한 소리 자극을 통해 연결되는 청각 신경회로가 뇌의 많은 부분을 차지한다. 그러므로 어릴 때부터 좋은 음악, 다양한 음악을 들은 아이는 신경회로가 섬세해지고 청각적 패턴 인식을 발달시킬 수 있다.

연구 결과에 의하면 음악은 소리를 듣는 청각 영역뿐 아니라 뇌의 다양한 영역을 함께 활성화한다. 가장 활성화되는 영역은 좌우 뇌의 상측두회이고, 측두엽, 두정엽, 전두엽과 변연계, 시상, 소뇌도 함께 활성화된다.

4개월 이전의 아기는 리듬만 인식하지만, 4개월 이후에는 차츰 멜로디를 이해할 줄 알게 된다. 이 시기부터는 클래식이 청각을 발달시키고, 뇌 발달과 정서적 안정을 유도할 수 있다. 실제로 음악이 아기의 뇌 발달에 도움을 줄 것이라는 막연한 생각은 여러 연구 결과로 입증되어왔다.

모차르트 음악이 뇌전증 발작의 고통을 줄여준다는 연구 결과가 있었고, 모차르트가 작곡한 '반짝반짝 작은 별'을 배운 3세 아이들의 IQ가 그렇지 않은 아이들보다 높게 나타났다는 보고도 있다. 모차르트의 곡이 뇌를 효과적으로 자극하지만 음악을 감상하기보다 악기를 연주하는 것이 뇌 발달에는 더 효과적이다.

■ 음악은 뇌 발달에 어떤 영향을 미치는가?

첫째, 음악은 감정을 안정시키고 스트레스를 줄인다.
아이는 음악을 듣고 격정적인 마음이 되기도 하고, 마음이 언짢을 때 좋아하는 음악으로 위안을 얻기도 한다. 기분이 좋아 콧노래를 흥얼거리는 것은 뇌 발달에도 좋다. 즉 음악을 듣거나 직접 연주하면서 우뇌를 사용하면 휴식을 취하는 것보다 좌뇌의 피로도 쉽게 풀린다. 음악 감상과 연주는 아이의 감성을 풍부하게 하며, 다양한 인지 기능과 운동 기능을 자극해서 지능 발달을 촉진한다.

둘째, 음악은 공간지각력을 높인다.
미국 캘리포니아 대학 어바인 캠퍼스의 골든 쇼 박사는 대학생들에게 모차르트의 '두 대의 피아노를 위한 소나타 D장조(K448)'를 들려주고 공간지각력 검사를 실시했더니, 다른 음악을 듣거나 음악을 듣지 않은 학생들보다 점수가 더 높았다고 보고했다.
또 워싱턴 대학 프란시스 라우셔 박사의 연구 결과, 모차르트 소나타를 태내의 쥐들에게 들려주었더니 태어난 아기 쥐들이 시행착오를 덜 겪으며 미로를 더 빨리 탈출했다. 쥐들의 공간지각력이 향상된 것이다. 공간지각력은 일반적으로 수학이나 음악, 과학적 재능을 타고난 사람들이 뛰어나다고 알려져 있다.

셋째, 음악은 기억력을 높인다.
영어 문화권의 'ABC Song'이나 우리나라의 '가나다 노래' 등은 각 언어의 기본 철자를 노래에 넣어 순서대로 부르게 해서 기억을 돕는다. 이렇듯 음악은 기억력을 활성화하고, 연속으로 일어나는 사건과 관련된 자극을 회상하거나 재인식하기 위한 중요한 실마리를 제공한다. 홍콩의 아니네스 챈 박사에 의하면, 어릴 때 음악을 배운 사람들은 단어 기억력이 좋고 남의 말을 오래 기억한다.

넷째, 음악은 창의력을 높인다.
음악은 우뇌를 활성화해서 창의력을 높인다. 소리를 주로 판단하는 것은 우뇌인데, 좌뇌가 판단하는 소리도 있으므로 부모가 음악을 선택해줄 필요가 있다.

좌뇌를 발달시키는 음악에는 단순한 음이 하나씩 깊어지는 현악곡이 많고, 우뇌를 발달시키는 음악은 경쾌하면서도 여러 가지 악기를 사용해서 감성을 자극하는 것이 많다. 아기에게 들려주는 음악은 음이 곱고 조용하며 밝아야 한다. 다양한 악기 소리와 음의 강약 및 고저 등을 경험하면서 아이의 뇌가 발달하기 때문이다.

창의력 발달에 좋은 곡으로는 드뷔시의 '바다', 슈만의 '트로이메라이', 바흐의 '골드베르크 변주곡'과 '브란덴부르크 협주곡', 요한 슈트라우스의 '아름다운 도나우 강', 구노의 '아베 마리아', 멘델스존의 '바이올린 콘체르토'와 '봄의 노래', 드보르작의 '유모레스크', 쇼팽의 '강아지 왈츠', 브람스의 '자장가', 모차르트의 '피아노 협주곡 제23번 아다지오'와 '두 대의 피아노를 위한 소나타 D장조(K448)', 마르티니의 '사랑의 기쁨', 비발디의 '사계' 등이 있다.

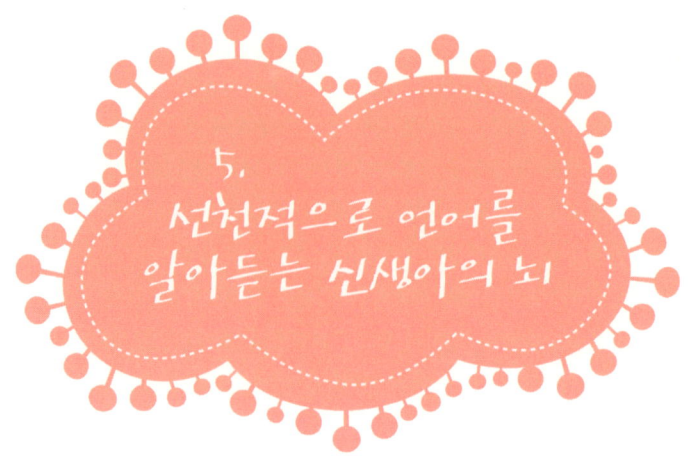

모국어는 뇌 발달에 가장 효과적이다

일반적으로 아기가 말을 배우는 것은 성인의 말을 흉내 냄으로써 이루어진다고 생각하기 쉽다. 그러나 실제 아기는 전혀 생소한 말을 하는 경우가 많다. 성인이 사용한 적도 없는 말이 아기의 입에서 나올 수 있는 것이다. 더구나 아기는 배우지 않아도 주위의 여러 가지 소리로부터 말소리를 분별한다.

신생아의 뇌는 각각 다른 종류의 음향을 다루도록 전문화되어 있다. 그래서 출생 초기부터 언어와 언어가 아닌 것을 구별할 수 있으며, 언어에만 특별히 주의를 기울인다. 대뇌 속의 청각 영역이 만들어내는 능력이다. 대뇌의 청각 신경회로는 듣고자 하는 음에 집중하고, 듣고 싶지 않은 음을 무시한다. 아무런 경험이 없는 아기가 이런 능력을 가지고 있다는 것은 놀랍다.

더 놀라운 일은 아이가 어떤 문법적 규칙을 배우지 않고도 문법적으로 맞는 문장을 말할 수 있다는 사실이다. 인간의 언어와 침팬지의 의사소통이 다른 점은 바로 문법이다. 침팬지는 기호를 사용할 수 있고, 24개월 아이 수준의 기교를 가지고 언어 규칙에 따라 발성하며 놀이를 할 수 있다.

동물들도 짖거나 울거나 몸짓을 보이거나 해서 의사를 주고받는다. 그러나 의사를 나타내는 단어들을 모아서 새로운 의미를 만들 수 있는 것은 오직 인간뿐이다. 문법으로 언어의 질이 달라지는 것이다.

이렇게 언어가 생래적일 수밖에 없는 것은 언어 자체가 선천적으로 뇌에 입력되어 있기 때문이다. 선천적으로 언어를 알아듣는 능력과 문법을 만드는 규칙이 뇌에 들어 있는 것이다. 그래서 아이는 배우지 않고도 언어를 인식하고 분석하고 표현할 수 있다.

좌뇌에는 언어와 관련된 베르니케 영역과 브로카 영역이 있다

언어는 뇌의 특정 영역에 국한되어 존재한다. 대부분 좌뇌가 언어를 담당한다. 그렇다고 우뇌가 아무 역할도 하지 않는 것은 아니다. 감성적인 것을 주로 다루는 우뇌는 말의 운율을 담당한다. 우뇌가 담당하는 말의 높낮이나 음악적 성향도 의사소통에는 중요하다.

좌뇌에는 언어와 관련된 베르니케 영역과 브로카 영역이 있다. 베르니케 영역은 말을 알아듣는 일을 담당하고, 브로카 영역은 말을 하고 문법을 만드는 일을 담당한다. 베르니케 영역이 포함된 왼쪽 측두엽-두정엽 영역은 단어를 이해하는 작업을 할 때 활성화되며, 이보다 앞쪽에 있는 브로카 영역이 포함된 전두엽은 문장의 차이를 구별하고 말할 때 활성화된다.

베르니케 영역은 청각, 시각, 촉각을 담당하는 영역의 경계에 위치하고 있다. 따라서 베르니케 영역은 단어의 소리와 단어가 나타내는 사람, 장소, 사물 사이의 관련성을 저장하기에 좋다. 브로카 영역은 계획, 순서, 논리, 규범, 학습을 담당하는 전두엽 근처에 위치하고, 문법을 이용해서 언어 사용 능력을 발달시키는 데 좋다.

베르니케 영역은 브로카 영역보다 빨리 성숙한다. 베르니케 영역은 24개월이 되면 이미 발달해서 아이가 부모의 말이나 책에 나오는 단어를 이해할 수 있지만, 브로카 영역은 4~6세가 되어야 완성되기 때문에 그 전까지는 문법을 만들고 말을 조리 있게 하기가 쉽지 않다.

아이 뇌에서 의미를 알아내는 영역과 말을 하는 영역이 분리되어 있고, 두 영역의 발달 속도가 다르다는 사실은 언어 발달에서 중요한 의미를 지닌다. 따라서 아이들은 말을 하는 것보다 알아듣는 것이 빠르다. 교육에서 표현언어보다 수용언어를 강조하는 것도 뇌 발달의 차이에서 비롯된 것으로, 수용언어가 IQ와의 연관성도 더 높다.

영어보다 모국어가 뇌를 더 활성화한다

　모국어를 들으면 말의 의미를 이해하는 베르니케 영역과, 들린 소리가 무엇인지 알아내는 청각 영역이 움직인다. 물론 들리는 소리를 판단하고 생각하는 전두엽도 매우 활성화된다. 여기서 특이한 점은 눈으로 본 것이 무엇인지 알아내는 시각 영역도 활성화된다는 것이다.
　영어보다 모국어를 들을 때 시각 영역이 더 활성화된다. 모국어를 들으면 자연스럽게 의미가 머릿속에 들어와 말의 내용을 다양한 이미지로 떠올릴 수 있기 때문이다.
　예를 들어 책상, 가을, 단풍 하면 머릿속에 책상과 가을, 단풍의 이미지가 떠오른다. 하지만 모르는 영어를 들으면 그 이미지를 즉각적으로 떠올리기가 쉽지 않다. 내용을 이해하는 것만으로도 벅차기 때문이다. 그래서 영유아기에는 대뇌 전체를 자극하는 것이 더 중요하다. 특히 모국어가 채 완성되지 않은 유아기 아이들은 영어를 완전히 이해하기 쉽지 않으므로 모국어로 자극을 주어야 한다.

<u>첫째, 모국어에 노출되는 시간을 늘려라.</u>
　언어가 아무리 선천적이라도 태어날 때부터 말할 수 있는 아이는 없다. 언어를 배우는 것은 뇌가 언어에 맞게 신경회로를 만드는 것으로, 조기에 좋은 언어 환경에 노출되면 우리말뿐 아니라 영어도 쉽게 배울 수 있다. 반대로 나쁜 언어 환경에 오래 노출되면 아이들은 결국 말을 배우지도, 사용하지도 못하게 된다. 늑대소년은 인간 사회에 돌아와서

말을 배우지도, 사용하지도 못했다. 따라서 언어는 뇌 발달도 중요하지만 언어적 경험이 어느 발달 분야보다 중요하다.

둘째, 빠른 시간 안에 모국어 노출 5,000시간을 달성하라.

다른 발달도 그렇지만 언어 발달에도 감수성기가 있다. 감수성기란 자극에 의해 뇌 발달이 급격히 이루어지는 시기로서, 이때 특정 자극이 결핍되면 회복되기 힘들다. 아이의 뇌도 비교적 짧은 감수성기에 언어 환경에 노출되어야 한다. 조기에 언어에 빨리 노출되지 않으면 언어의 신경회로가 형성되지 않는다.

다행히도 거의 모든 아이들은 신경회로를 형성하는 데 문제가 없는 언어 환경에서 성장한다. 아기에게 말을 많이 들려주어서 빠른 시간 안에 모국어에 5,000시간 노출시켜라.

셋째, 상호작용을 통해 언어를 발달시켜라.

TV나 라디오같이 일방적으로 듣기만 하는 것은 뇌 발달에 효과적이지 못하다. 상호작용이 없는 일방적인 듣기는 대뇌피질의 관심을 끌지 못해 자극이 되지 못하고 저절로 폐기되기 때문이다. 아이의 뇌는 자극을 선별한다. 언어 발달의 감수성기에 노출되는 언어적 환경의 질은 아이들마다 다르다. 아이들의 장래 언어 능력 및 뇌 발달은 이 시기에 언어적 상호작용을 얼마나 했는가에 따라 결정된다.

넷째, 그림책을 읽어주라.

그림책을 읽어주면 시각과 청각이 자극되어서 자극을 연합하는 대뇌피질의 신경회로가 정교해지기 때문에 아이의 뇌 발달에 효과적이다. 아이들의 뇌는 6~7세 이전에 문법의 규칙을 인식한다. 사춘기 이후에는 문법을 익힐 수 있는 능력이 감소하고, 언어 습득의 감수성기는 성인 초기에 종료된다.

영어를 일찍 접할수록 쉽게 배울 수 있다는 것은 명확하다. 아이들이 어릴수록 빨리 잊어버리는 것은 사실이지만, 아이들의 뇌는 유연하기 때문에 언어 발달의 감수성기에 다시 영어에 노출되면 새롭게 받아들일 수 있다. 반면 12세 이후에 영어를 들으면 좌뇌가 거의 활성화되지 않는다. 열심히 노력해서 영어를 듣는다 해도 아이들처럼 자연스럽지는 못하다. 영어로 말하는 것도 발음이 어색할 수밖에 없다. 따라서 가족 중에 영어를 잘하는 사람이 있어서 지속적으로 영어를 들려줄 수 있다면 영어를 가르치는 것도 바람직하다.

그런 경우가 아니라면 모국어에 먼저 익숙해진 다음 영어를 가르치는 것이 좋다. 모국어에 빨리 익숙해질수록 그 문법 구조에 따른 논리력이나 수리력도 함께 계발되기 때문이다. 모국어를 먼저 배우고 영어를 배우면 모국어의 언어적 지식과 센스를 이용할 수 있으므로, 유아기에 배우는 것보다 영어의 의미, 문장 구성, 단어 암기 등을 더 빨리 학습할 수 있다.

영어만 잘하는 아이를 만들겠다고 하면 모를까, 논리력, 수리력, 사회성, 지능 등 여러 가지 인지 능력을 폭넓게 계발시키고 싶다면 모국어를 일찍 습득하고 잘하는 것이 기초가 된다.

특히 태어나자마자 영어에 노출되면 2,000시간 이상 노출되어야 영어를 말하기 시작하는 반면, 모국어에 5,000시간 이상 노출되어 모국어에 능통하면 모국어를 기반으로 영어를 배우기 때문에 2,200시간만 영어에 노출되어도 웬만한 의사소통이 가능하고, 4,300시간 이상 노출되면 영어의 전문가가 될 수 있다.

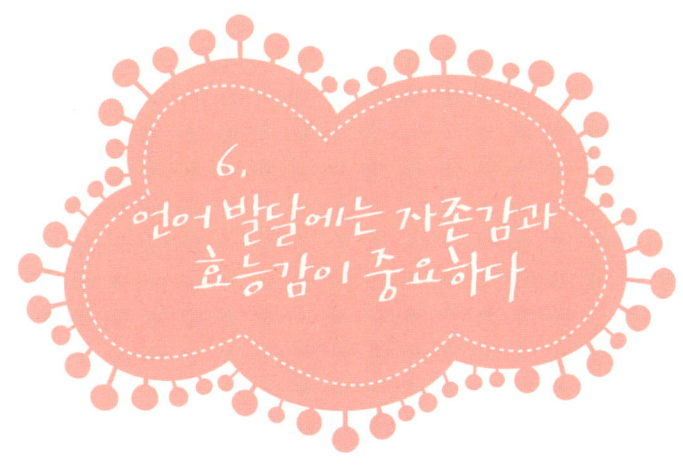

6. 언어 발달에는 자존감과 효능감이 중요하다

아이에게는 부모의 따뜻한 말 걸기가 중요하다

또래의 형제자매가 없을 때 중요한 점은 부모가 아이의 미숙한 말과 행동을 따라 해봐야 한다는 것이다. 부모의 말 따라 하기는 아이에게 친밀감뿐 아니라 효능감과 자존감을 심어줄 수 있다. 하지만 아이가 말을 배우기 시작할 때 미숙한 발음을 자주 교정하면 아이가 말을 배울 의욕과 자존감을 잃는다. 아이의 발음이 미숙해도 지적하지 말고 웃으면서 따라 하자. 아이의 발음을 존중해야 어휘력이 증가하고, 자존감과 효능감이 좋아져 뇌가 활성화될 수 있다.

뇌는 시냅스와 가지돌기의 재구성을 통해서 말을 배운다. 시냅스 수가 절정에 도달하는 영유아 시기는 언어를 전달하는 데 가장 최적의 신경회로를 고를 수 있는 기회이기도 한다. 아기가 많은 단어를 접할수록 언어 발달을 담당하는 뇌의 신경회로가 더 정교하게 형성되고 활발하게 활동한다. 하지만 그렇지 못한 아이의 뇌에서는 언어와 관련된 시냅스가 가지치기되어 신경회로 자체가 없어질 수도 있다.

뇌의 언어 영역이 손상되면 성인들은 실어증을 극복하지 못하지만, 아이들은 동일한 손상이 있어도 쉽게 극복한다. 이러한 차이는 아이의 언어 기능이 좌뇌에서 우뇌로 옮겨 갈 수 있다는 것으로 설명할 수 있다. 영유아기는 언어의 신경회로가 막 형성되는 때이기 때문에 좌뇌의 기능을 우뇌가 대신하는 일이 가능하다. 그러나 늑대소년처럼 사회적으로 격리되었거나, 조기에 뇌가 손상된 경우, 선천적으로 청각장애가 있어서 들을 기회가 없는 경우에는 말을 배울 수 있는 기회 자체를 잃어버릴 수 있다.

우리는 언어를 배우기에 적합한 뇌를 가지고 이 세상에 태어난다. 아이의 뇌가 적절한 시기에 언어에 노출되기만 한다면, 아이의 언어 발달은 예정대로 이루어져 4세가 되기 전에 유창하게 말하고 많은 단어를 기억하며 문법을 이해하게 될 것이다.

아이들에게 말을 가르칠 필요는 없다. 단지 아이에게 말을 걸고 듣기만 해도 언어 능력은 활짝 피어날 것이다. 아이가 말을 하는 것은 자신의 의사를 전달하고 싶어서다. 부모가 받아주지 않으면서 아이에게 일방적으로 말하기만 하면 아이는 스스로 말을 할 기회나 의욕을 잃어버린다.

신생아는 성인도 구별하기 쉽지 않은 'pa' 소리와 'ba' 소리의 미묘

한 차이를 구분할 수 있다. 일본 아기들을 대상으로 한 실험에 의하면 'fly'와 'fry'에서 'l' 소리와 'r' 소리를 구별할 수 있었는데, 일본 성인은 이 소리들을 구별하지 못했다. 아기는 태어나는 순간 남자와 여자의 목소리를 구별하며, 생후 1주일에는 다른 사람의 목소리보다 엄마의 목소리를 더 좋아하게 된다. 곧이어 다른 남자들의 목소리보다 아빠의 목소리를 더 좋아한다.

연구에 의하면 4개월 아기는 언어의 모든 소리를 구별할 수 있다. 이런 수용언어의 급격한 발달은 인지 발달의 기초 체력이 되기도 한다. 부모는 이 시기에 아기와 시선을 맞추고 아기를 인격체로 인정하는 따뜻한 말 걸기를 통해 언어 발달을 도와야 한다.

감각 체험과 어휘 체험 모두가 필요하다

아이는 늘 주변의 감각과 말에 노출된다. 그런데 말을 일찍 가르치려 드는 엄마들은 감각 체험과 어휘 체험의 중용을 잃고 어휘에 더 치중하게 된다. 그렇게 되면 아이는 언어가 재미없다고 느끼고 의욕을 잃어버린다. 아이는 특정 감각 자극에 해당하는 말만 짧게 듣는 것이 더 좋다. 그래야만 그 감각들이 어휘에 잘 연결된다. 아이와 일대일로 어떤 체험을 할 때는 어떤 자극의 이름이 무엇인지 궁금해할 때만 짧게 말을 해주자.

외부에서는 언어의 지식을 쌓더라도 집에서는 자존감을 키우자. 부모가 아이의 발음을 교정하면 아이의 자존감과 언어에 대한 욕구가 떨어질 수 있다. 연구에 따르면 아이의 발음을 교정하는 가정보다, 아이의 발음을 그대로 따라 하면서 반응하는 가정의 아이들이 어휘력이 더 좋았다. 엄마가 아이의 말을 따라 하면서 아이의 자존감과 효능감을 키워주었기 때문이다. 모국어의 발달에는 아이의 생각과 시선에 적절히 맞장구를 쳐주는 것이 가장 좋다.

아이의 이상한 발음을 엄마가 따라 하면 아이가 엄마를 가르치려 하기도 한다. 자기가 교사가 된다는 마음은 뇌가 극도로 활성화되는 경험이다. 아이는 '무'로 발음하면서도 '물'로 듣는다. 그런데 엄마가 '무'라고 하면 엄마의 발음이 이상하다고 생각한다. 그래서 더 적극적으로 그 말을 반복하고, 훨씬 더 빨리 '무'라는 발음에서 '물'이라는 발음으로 바꾼다. 부모나 교사가 실수할 때 아이들은 자신감을 갖고 도전하며 의욕을 발휘한다.

24개월 이전 아이의 언어 발달을 위한 지침

언어가 폭발적으로 늘어나는 24개월 이전 아이의 언어 발달을 위한 지침은 다음과 같다.

<u>첫째, 상호작용이 중요하다.</u>
아기가 말을 배우는 데 가장 중요한 것은 엄마와의 상호작용이다.

아기와 엄마는 얼굴 표정, 몸의 움직임, 소리의 강약을 통해 생각을 주고받고, 이를 통해 아기는 언어를 배워나간다. 처음에는 의사소통이 일방적인 것 같지만, 아기는 금방 모방해서 반응하기 시작한다.

아기의 언어 기반은 출생 후 몇 주 이내에 형성된다. 아기가 소리와 행동으로 자신의 뜻을 요구하고 표현하면 엄마는 대화를 나누는 것처럼 행동해야 한다. 엄마는 아기의 무의미한 소리에 맞추어서 이야기하고, 아기의 소리를 해석하고, 아기가 무슨 행동을 하고 무엇을 원하는지에 집중해야 한다.

둘째, 옹알이 놀이를 하자.

아기가 옹알이를 시작하면 부모는 옹알이 놀이부터 시작하자. 아기가 옹알이를 하면 귀담아들어라. 또 아기가 옹알거리다가 그치면 다시 말을 걸어라. 아기가 똑같은 소리를 계속해서 하는 것 같으면 그 소리를 되풀이해주어라. 그러면 아기는 곧 그 음절을 되받아 반복하게 될 것이다. '디디', '두두'라고 하는 것이 진정한 의미의 의사소통은 아닐지라도, 아기에게 음성적인 상호작용을 할 수 있는 기회를 제공한다.

셋째, 말을 걸고 이름 붙이기 놀이를 하자.

아기에게 이야기를 하고 책을 읽어주면 언어가 발달할 뿐만 아니라 자존감 및 사회성이 강화된다. 부모와의 비언어적인 의사소통뿐 아니라 언어의 소통으로 아기는 자기가 가치 있는 인간이라는 것을 느끼고 자존감이 생긴다.

신생아 때부터 엄마는 아기에게 말을 걸어야 한다. 아침에 아기를 볼 때, 기저귀를 갈아줄 때, 젖을 먹일 때, 잠자리에 누일 때도 말을 걸어야 한다. 또한 아기는 배가 고프거나 아플 때 울음으로 의사를 표시하는데, 이런 의사 전달 노력을 진지하게 받아들이고 반응해야 한다. 조금 과장된 표정을 짓거나 리듬 있게 말을 걸면 아기는 적극적으로 반응할 것이다.

말을 걸면서 이름 붙이기 놀이도 해보자. 아기가 3개월이 되기 전에 시작하는 놀이로서, 아기들의 주의를 끌 만한 사물이나 사람, 행동에서 시작해 점점 복잡한 것, 곧 형용사, 부사, 대명사 등으로 이름을 붙여나가며 말을 거는 것이다.

<u>넷째, 아이 중심의 말을 하라.</u>

대부분의 언어학자들이 아기에게 언어를 가르칠 때는 유아 언어보다 문법 구조가 있고 어휘가 풍부한 말을 해야 한다고 주장해왔다. 그러나 최근 연구에 따르면 아기들은 단조로운 톤이나 성인 중심의 말보다 톤이 높고 가락이 있는 아이 중심의 말을 더 잘 알아듣고 더 오래 기억한다고 한다.

따라서 꼭 아기에게 문법 구조가 있고 어휘가 풍부한 성인 중심의 말을 고집할 필요는 없을 것 같다. 언어 교육에서도 효과가 중요하기 때문이다.

단조로운 성인 중심의 언어를 들어온 아이들의 지능 발달이나 학습 성취도가 더 낮다는 보고가 있는 것을 보면 아이가 관심을 갖고 좋아하는 말을 해주는 것이 중요하다. 특히 한국어는 영어나 중국어 등에 비해 고저장단이나 음폭이 제한되어 있기 때문에 음이 낮고 단조롭다. 아기들은 리듬이나 운율을 가진 말을 좋아한다. 이런 한국어의 한계를 극복하기 위해서는 기회가 닿는 대로 아이 중심으로 말하자.

그렇다면 아빠도 아이에게 아이 중심의 말을 사용해야 할까? 연구자들은 아빠도 단조로운 성인 중심의 말보다는 엄마처럼 톤이 높고 가락이 있는 아이 중심의 말을 해야 아기의 인지 발달 및 학습 능력 증진에 효과적이라고 말한다.

<u>다섯째, 스포츠 중계처럼 실감 나게 이야기하자.</u>

말을 더 잘 가르칠 수 있다는 기대감으로 두뇌 계발 DVD나 비디오 앞에 아이를 앉혀놓아도 실제로 좋은 성과를 거둘 수 없다는 연구 결과가 있다. 제프리 브로스코 교수는 12~25개월 유아 96명을 두 그룹으로 나눈 다음, 한 그룹만 뇌 발달용으로 시중에 판매되는 DVD를 2주에 다섯 번씩 6주 동안 보게 하고, 두 그룹 모두에게 DVD에 나오는 단어로 매주 테스트를 했다. 연구 결과 두뇌 계발 DVD를 본다고 해서 언어가 특별히 발달하지 않았으며, 오히려 DVD를 일찍 보기 시작한 아이일수록 언어 발달이 느렸다.

DVD나 비디오는 일방적인 지식 전달이기 때문이다. 아이의 뇌 발달에는 일상에서 주변 사람들과 상호작용하면서 이야기하는 것이 가장 중요한 학습 도구다. 부모는 아이가 무엇을 쳐다보는지, 무엇을 생각하는지 관찰하고 스포츠 중계처럼 실감 나게 이야기를 나누는 것이 좋다.

0~24개월 월령별 언어 발달 오감육아

■ 0~3개월: 말을 하기 위한 준비 운동을 시키자

말하기는 입술과 혀와 입천장과 후두를 지배하는 수많은 근육의 조화로 이루어진다. 또 옹알이는 사람들을 유혹하는 방법인 동시에 말을 하기 위한 준비 운동이라고 할 수 있다. 아기는 생후 1개월이 지나면서부터 울음소리 외에 귀여운 목소리를 내기 시작한다. 단, 이때는 아직 '아'나 '우' 같은 간단한 모음 소리밖에 못 낸다. 생후 2개월에 목구멍과 입, 혀를 지배하는 신경들의 수초화가 이루어져야 옹알이가 시작된다.
전 세계 아기들의 옹알이 방식은 거의 비슷하다. 심지어 청각장애가 있는 아기들도 옹알이를 한다. 아기에게 눈을 맞추고 자주 이야기를 해주자. 옹알이에는 의미가 없지만 부모와 의사소통을 하려고 하고 부모의 말소리에 반응하는 것이므로 언어 발달에 효과적인 매개체가 된다.

■ 4~6개월: 다양한 소리를 들려주고 자주 이야기해주자

자음 옹알이를 할 수 있는 시기다. 흉내 내는 소리나 의미 있는 소리는 아니지만 성대를 이용해서 자음 소리를 낼 수 있다. 또한 부모의 자극에 반응성이 좋아져서 자음 옹알이가 늘어난다. 5개월이 되면 우리나라 아기는 우리말다운 억양으로, 미국 아기는 영어다운 억양으로 바꾼다. 시기적으로 낯선 소리를 구별할 줄 알고 좋아하는 소리가 따로 있는 등 청각 발달이 중요한 시기다. 다양한 소리를 들려주고 자주 이야기해주는 것이 언어 발달에 꼭 필요하다. 어린 아기들은 높은 톤으로 노래하는 듯한 소리에 관심을 보인다. 그래서 아기들은 낱말의 중요성을 빨리 배우게 된다.

■ 7~9개월: 말을 흉내 내도록 유도하자

아직 억양을 흉내 내는 수준이지만 7개월이 되면 주위 어른들의 발성을 흉내 낼 수 있다. 이 무렵이 되면 모음뿐이던 발성에 자음이 섞여 '빠아 빠아'와 같은 말을 하게 된다. '아빠'라는 말을 기억했다가 흉내 내기 시작하는 것이다. 빠른 아이는 부모의 소리를 흉내 낼 수 있으므로, 말을 흉내 내도록 유도하거나 그림책을 읽어주는 것이 바람직하다. 청각이 잘 발달되어 있으므로 그림책에 나오는 단어를 또박또박 반복해서 말해주면 언어 교육에 효과적이다.

■ 10~12개월: 말을 통해 아이의 행동을 유도하라

생후 10~12개월에는 처음으로 의미 있는 단어를 말할 수 있게 되는데, 음절의 발음 조절이 가능한지, 사물과 사물의 명칭을 연결할 수 있는지에 따라 단어가 결정된다. 대부분 말하기 전에 약간의 단어를 이해하고 적당한 반응을 나타낸다.
12개월 정도가 되면 자음의 절반 정도와 대부분의 모음을 발음할 수 있다. 12개월 아기는 여성의 음성을 15분간만 들어도 여성의 발음을 그대로 따라 하려 든다. 조기의 언어 경험이 음성의 인식뿐 아니라 아기의 발음에도 영향을 주는 것이다. 따라서 가족들이 아이 앞에서 발음을 똑바로 하려고 노력하는 것이 좋다.
이 시기에 단어와 행동의 연결도 가능해지기 때문에 유아어보다는 풍부한 어휘와 정확한 발음을 통해 아이의 행동을 유도하는 놀이를 하자.

- 아기가 말을 할 때는 자신이 소리의 의미를 이해하고 있음을 표시하도록 하는 것이 좋다. 예를 들어 '빠빠'라고 하면서 아빠를 가리키거나 바라보는 것과 같다.
- 아기는 타인을 즉각적으로 따라 하는 것도 좋지만, 자신의 의사를 표현하는 말을 자발적으로 하도록 해야 한다.
- 아기의 말은 부모가 알아듣는 것도 중요하지만, 최소한 다른 어른들이 듣고 무슨 뜻인지 이해할 수 있도록 분명하게 말하게 해야 한다.

■ 13~18개월: 두뇌가 발달하면서 어휘도 폭발적으로 늘어난다

아이들이 이해하는 단어 수와 실제로 말하는 단어 수가 일치하려면 적어도 5개월 이상이 필요하다. 13~18개월 사이에는 새로운 단어의 습득이 천천히 진행된다. 아이의 어휘력은 50단어를 말하는 순간부터 폭발적으로 늘기 때문이다.

부모는 어휘력 향상을 위해 신체 부위를 가르치고, 아이의 행동을 짧고 간단한 문장으로 말해주며, 익숙한 사물의 이름과 동작 어휘를 가르치자. 아이가 쉬운 단어나 손짓을 사용해서 의사소통하도록 유도하라. 모든 것을 미리 알아서 부모가 다 해주면 아이의 의사소통 능력 발달에 방해가 된다.

- 어릴 때 어른들이 말을 걸어주지 않거나 책을 읽어주지 않으면 나중에 언어 기능을 익히는 데 곤란을 겪게 된다. 시냅스는 계속 사용하지 않으면 소멸하기 때문이다.
- 몸짓보다는 이름을 불러 요구할 때 반응하라. 만약 부모가 아기의 몸짓을 통해 음식과 음료에 대한 요구 사항을 파악하고 반응하면, 아기가 음식의 이름을 불러 요구하는 행동이 조금 늦게 발달될 수 있다.
- 사람과 사물은 저마다의 이름이 있다는 것을 배우도록 도와주라. 그러기 위해서는 대상을 손으로 만지거나 손을 갖다 대면서 그 이름을 부르자. 아기의 손을 잡고 그 손을 의자 위에 올려놓으면서 '의자'라고 말하자.
- 동물의 울음소리를 흉내 내자. 아이는 동물의 울음소리를 흉내 내는 것을 즐거워한다. 그리고 이것은 아기들이 말을 배우기 시작할 때 큰 도움이 된다. 아기들은 말을 하면 할수록 더 많이 말하고 싶어 한다.

■ 19~24개월: 언어로 심부름을 시키자

어휘가 폭발적으로 늘어나는 것은 뇌가 급격하게 발달하는 것과 관련된다. 19~24개월 아이들의 뇌는 단어에 잘 반응하도록 특화된다. 아이는 처음에는 아는 단어와 모르는 단어의 차이를 파악하기 위해 대뇌의 넓은 부분을 사용하지만, 20개월이 되면 좌뇌 측두엽-두정엽만을 사용하게 된다. 20개월이 되어도 몇 단어밖에 못하는 아이들은 좌뇌 두정엽이 아무런 반응을 보이지 않지만, 수백 단어를 말할 수 있는 아이들의 좌뇌 두정엽은 이 시기에 이미 활성화된다. 단어, 특히 명사의 저장과 재생을 담당한다고 알려진 좌뇌 측두엽도 아이가 새로운 단어를 배우기 시작하면 활성이 증가한다.

24개월 아이가 이해하거나 사용하는 어휘는 성인이 아이에게 얼마나 자주 말을 걸어주는지와 관계가 있다. 20개월 아이라도 잔소리가 많은 엄마의 아이는 입이 무거운 엄마의 아이보다 평균 131개의 어휘를 더 쓰고, 2세가 되면 격차는 295개로 늘어난다.

아이에게 사물, 사람, 옷 그림을 보여주고 말하게 하자. 2가지 정도의 지시에 따르게 하고, 언어로 심부름을 많이 시키자. 아이가 두 단어를 연결해 문장을 만들기 시작하면서 전보체 언어, 예를 들어 "엄마 양말"이라고 말하면 엄마는 "그래, 그것은 엄마의 양말이구나"라고 반복해주어야 한다.

7. 정서가 풍부한 아이로 키우기

24개월 이전에는 스킨십과 정서적 충만감이 중요하다

감옥에서 태어나 길거리에 버려진 아기들을 돌보는 국립병원의 의사였던 스피츠 박사는 위생적인 환경에서 충분한 음식을 주면서 아기들을 양육했음에도 불구하고 유아 사망률이 높다는 사실을 알고 놀랐다. 아기들 중 3분의 1가량이 첫해를 넘기지 못하고 죽었고, 죽지 않은 아기들도 신체적으로나 정신적으로 발달이 늦었다.

이는 보육 기관의 보육자가 아기를 따뜻하게 안아주거나 접촉하지 않고 침대에 누인 채 음식을 먹였기 때문인 것으로 밝혀졌다. 깨끗한 환경과 충분한 음식은 생리적으로만 충분했을 뿐, 스킨십과 정서적 충만감이 채워지지 않았던 것이다.

　미국에서 한국의 포대기가 유행하고 있는 것은 엄마와의 접촉으로 아이의 정서지능에 기초가 되는 오피오이드(opioid) 시스템이 강화되기 때문이다. 또 아이를 업고 다니면 아이는 평형 감각과 오감에 자극을 받아 두뇌를 발달시킬 수 있다.

　실험실에서 그네처럼 흔들리는 엄마 모형과 함께한 아기 원숭이는 두뇌가 일반 원숭이와 비슷한 크기로 성장했지만, 흔들리지 않는 엄마에게 매달려 자란 원숭이는 두뇌가 20% 정도 작았다. 스킨십과 정서적 충만감이 부족한 아기는 몸과 마음이 성숙하지 못하고, 인지 능력 발달이 느려질 뿐 아니라 심하면 죽음까지 이를 수 있다.

　정서 발달에도 감수성기가 있어서 24개월 이전에 스킨십과 정서적 충만감을 경험하지 못한 아이들은 정서적 어려움을 겪을 수 있다. 아기들은 2개월이면 흥미, 기쁨, 슬픔, 분노를 표현할 수 있고, 대부분의 정서는 생후 9개월 안에 표현한다. 그러나 표현할 줄 안다고 해도 그 정서 반응이 시기나 상황에 적절한 것은 아니다.

　아기들은 정서 반응이 필요하지 않은 상황에서 놀라거나 기뻐하고, 정서 반응이 필요한 상황에서는 오히려 정서를 표현하지 않는 일이 많다. 정서 표현과 상황의 일치율이 높지 않다는 것이다. 연령이 증가하면서 일치율이 단계적으로 증가하지만, 정서도 집 안의 화초처럼 물을 주고 길러야 일치율이 높아진다. 따라서 아이가 상황에 맞게 정서를 표현할 수 있도록 도와야 한다.

　부모는 아이의 정서가 성인과 다르다는 사실을 알아야 한다. 예를 들면 24개월 이전의 아이를 웃게 만드는 것과 성인을 웃게 만드는 것은 다르다. 아이들은 성인이 무서워하지 않는 많은 것을 무서워한다. 아이들은 자라면서 웃음이나 공포를 일으키는 상황에 대한 평가를 배워나가는데, 이 과정에서 웃음과 공포를 일으키는 대상이 달라진다.

정서를 발달시키려면 자아 감각을 높여야 한다. 아이들이 자부심, 부끄러움, 죄책감, 질투, 당황스러움과 같은 정서를 경험하기 위해서는 타인과 분리된 자아 감각이 있어야 한다. 24개월 이전의 아이들은 뚜렷한 자아 감각이 부족하긴 하지만, 자아 감각을 갖기 시작하면서 다양한 감정을 경험하게 된다.

정서가 풍부한 아이로 키우기

아이들에게 정서적 풍부함은 중요하다. 하지만 필요에 따라서는 정서 표현을 조절할 줄도 알아야 한다. 부모는 상황에 맞는 정서 표현 방법을 아이에게 가르쳐야 한다.

<u>첫째, 부드럽게 안아주어라.</u>
미국의 베일러 의과대학 정신건강의학과 의사인 브루스 페리 박사는 유아기에 부드럽고 사랑 담긴 보살핌을 받지 못하면 뉴런이 충분히 연결되지 않는다고 말했다.

<u>둘째, 감성 발달을 정기적으로 체크하라.</u>

육아일기는 부모가 영리한 아이를 키우고 있는지, 아이의 발달 속도가 또래에 비해 빠른지 등을 판단하는 데 도움을 줄 뿐 아니라, 아이의 감성적 발달을 지켜볼 수 있게 해준다. '어떻게 바뀌어가는가?', '어떻게 느끼는가?'에 유념해서 아기 발달에 대한 일기를 쓰자.

<u>셋째, 아기의 감정을 인정하자.</u>

말이나 지식보다도 훨씬 풍부하고 민감한 것이 감정이다. 아기는 분노, 슬픔, 기쁨, 애정, 질투, 유머 등 인간다운 감정을 가진다. 아기를 두고 '아기가 뭘 알랴'라고 생각하면 오해다. 아기에게도 감정이 있다는 것을 받아들여야 한다. 물론 사회성은 매우 빈약하지만, 감정은 훨씬 다양하게 나타난다.

아기는 성인과 어느 정도 감정 교류를 할 수 있다. 그래서 아기에게 미소 지어주는 것, 말을 걸어주는 것, 얼러주는 것, 흔들어주는 것, "까꿍" 하고 말해주는 것 등은 부모로서의 본능적인 행동이라고 할 수 있다.

<u>넷째, 외출할 때 말로 설명하라.</u>

부모가 일하러 가야 한다거나, 볼일이 있어서 외출해야 한다거나 하는 일이 있으면 아기에게 설명하는 것이 좋다. 아이가 좀 울더라도 애처로워하지 말고, 태연한 표정을 짓는 것이 좋다.

다섯째, 부드러운 대체물을 이용하라.

봉제완구를 집어서 팔에 안아라. 그러면서 다음과 같은 말을 노래 부르듯이 하라. "성수야, 너하고 노는 것이 재미있구나. 엄마는 너의 이 갈색 곰을 사랑해. 엄마는 너를 안아주는 것을 좋아한단다." 엄마가 이렇게 말한 다음, 아기에게도 똑같이 해보게 하라.

여섯째, 새로운 경험을 시켜라.

새로운 것을 많이 해야 뇌가 발달한다. 그래서 아이가 다양하게 경험하도록 해야 한다. 아이는 관계 속에서 살아가는 것이니만큼 다양한 사람을 만나고 다양한 상황을 경험해야 한다. 그래야 아이가 다양한 감정을 경험하게 되고, 감정을 파악하는 능력도 늘어난다.

0~24개월 월령별 정서 발달 오감육아

■ 0~3개월: 주위 사람을 알아챈다

인간은 출생 후 바로 정서를 나타낸다. 생후 1개월 내에는 타고난 기질을 보이며 자신에 대한 배려, 관심, 적대감을 알아채고 주위 사람들에게 반응을 보인다. 1개월 후에는 주위 환경에 관심을 갖기 시작하는데, 자극을 받아들이거나 흥미와 호기심을 보이고, 사람에게 쉽게 웃음 짓는다.
3개월이 지나면 어떤 일에 기대를 하고, 그 일이 실제 일어나지 않을 때 실망을 경험한다. 화를 내거나 불안스럽게 행동함으로써 실망을 표현하기도 한다. 기저귀를 갈거나 목욕을 시키거나 우유를 먹일 때 피부를 마사지해주자.

■ 4~6개월: 사람들한테 반응을 얻으려 한다

사회적이 되며 사람들한테 반응을 얻으려 한다. 다른 아기를 부추겨 반응을 얻어내기도 한다. 정서는 더욱 분화되어 기쁨, 공포, 분노, 놀람 등을 보이기도 한다. 쭉쭉이를 해주거나 안아주거나 토닥토닥 두드려주는 것이 도움이 된다.

■ 7~9개월: 엄마와의 애착을 형성한다

엄마와의 애착이 형성되는 시기라서 엄마한테 매우 집착하고, 낯선 사람을 두려워하며, 새로운 상황에서는 활발하게 행동하지 않는다. 뒤집기와 짚고 서는 것이 가능한 시기이므로 대근육운동을 자극하는 스킨십 놀이가 좋다.

■ 10~12개월: 정서적인 반응과 스킨십 놀이가 중요하다

정서가 더 세밀해지고 의사 전달도 분명해지는데, 기분의 변화가 빨라지고 하나의 사실에 두 가지의 상반된 감정이 존재하기도 하며 감정의 질이 심화된다. 엄마 손을 잡고 서게 하거나 바로 누인 상태에서 아기의 발을 올려 얼굴 쪽으로 가게 하는 놀이는 운동 발달에 도움이 된다. 흉내를 잘 내는 시기이므로 짝짜꿍 놀이나 까꿍 놀이 등도 스킨십 놀이로 응용할 수 있다.

■ 13~18개월: 자신의 요구를 존중받고자 한다

자신감을 드러내고 독립적인 태도를 보여도 부모가 옆에 없으면 불안해하는 분리 불안이 나타난다. 따라서 부모가 자기 시야에 있으면 혼자서 놀지만, 가장 밀착된 사람을 안정된 기저로 삼아서 환경을 탐색한다. 환경에 숙달될수록 자신을 주장하는 데 더 자신감이 있고 열정적이다. 또한 자신의 요구를 존중받고 싶어 한다.
부모의 말을 알아듣고 언어가 발달하는 시기이므로 눈, 코, 입 등을 말하고 손으로 가리키는 놀이가 효과적이다. 혼자 서거나 걷도록 유도하는 놀이도 대근육운동 발달에 좋다. 어느 정도 자유롭게 몸을 움직일 수 움직일 수 있으므로 아빠와 레슬링이나 말 태우기 같은 것을 하면 도움이 된다. 자기 마음대로 안 될 때는 화를 내는 일이 많은데, 이때는 야단을 치기보다 아이를 꼭 안아주어 화를 가라앉히는 것이 훈육에 효과적이다.

■ 18~24개월: 자신을 완전히 독립된 존재로 여긴다

타인에 대한 두려움이 거의 없어지고 자신에 대한 믿음이 확고해서 다른 사람을 물거나 할퀴는 일은 거의 없어진다. 대신 끊임없이 명령하고 그 명령이 받아들여지길 바란다. 자기 소유물을 지키려는 게 강한데, 남이 빼앗을까 두려워서라기보다 아끼는 것이기에 나름대로 정리하고 질서를 부여하는 것이다. 자신의 존재를 부각하려고 일부러 아니라고 하거나 으스대는 경향도 있다. 이제는 완전히 독립된 존재라고 생각한다.

노래를 부르고 춤을 추거나 낙서하는 것을 좋아하므로 이것을 북돋우는 스킨십 놀이가 좋다. 음악에 맞춰 노래를 부르거나 춤을 추고 박자에 맞추어 손뼉을 치게 하는 일도 효과적이다.

엄마의 웃음이 긍정적인 마음과 자존감을 키운다

감성의 뇌에서는 거울뉴런을 빼놓을 수 없다. 거울뉴런은 특정한 동작을 할 때뿐 아니라 동작을 보거나 소리를 들을 때도 함께 활성화되는 뉴런이다. 엄마의 동작을 쉽게 따라 하거나 엄마의 감정에 잘 공감하는 것도 이 때문이다.

웃음도 마찬가지다. 아이는 다른 사람이 웃는 것을 보면 저절로 따라 웃는다. 웃음소리만 들어도 감성의 뇌는 웃을 준비를 한다는 연구 보고도 있다. 이처럼 시각과 청각의 거울뉴런은 웃음과 긍정적인 감정을 전파한다. 건강한 뇌와 몸을 가진 아이는 그만큼 많이 웃고 적절할 때 웃는다.

 따라서 아이와 시선이 마주치면 밝게 웃어주어야 한다. 엄마가 크게 웃으면 아이의 전두엽 거울뉴런이 순간적으로 아이를 웃게 만들 것이다. 엄마가 긍정적으로 아이를 키우고 적극적으로 반응하면 아이도 부모를 흉내 내서 긍정적으로 변하며 적극적인 아이가 된다. 긍정적인 마음이야말로 자존감의 기초 공사다.

 긍정적인 마음과 함께 감성의 뇌에서 엄마가 키워주어야 할 것은 자존감이다. 아이는 엄마에게 말을 할 때 두 가지 판단을 한다. 하나는 '내 말이 어떤 반응을 일으킬까?'에 대한 판단이고, 다른 하나는 '기대했던 반응을 일으킬 만큼 잘할 수 있을까?'에 대한 판단이다.

 아이가 '특정한 사물을 말하면 엄마가 알아듣고 칭찬을 할 것이다'라는 판단은 결과에 대한 기대이고, '엄마에게 칭찬을 들을 수 있을 만큼 말을 잘할 수 있는가'라는 판단은 자존감과 관련이 있다.

 학자들은 결과의 기대보다 자존감이 아이의 행동력에 더 큰 영향을 미친다고 본다. 아이는 어떤 반응을 기대하면서 그에 적절한 행동을 취하는데, 그 행동을 통해 환경을 변화시키고 기대한 반응을 얻는 경험을 반복하면서 자신감을 얻는다. 그와 더불어 환경에 대한 의욕적인 태도나 더욱 새로운 환경에 도전해보려는 동기도 부여된다. 환경을 통제해본 경험이 있는 아이는 그런 경험이 없는 아이들에 비해, 놀이할 때 자존감이 강하고 자기 행동에 대한 관심이 높다. 따라서 부모는 아이의 말에 적극적으로 반응해주어야 한다.

긍정적인 마음과 자존감은
세로토닌의 분비를 증가시킨다

아이는 태아 때부터 가족이라는 사회적 환경과 상호작용을 하고, 가족과의 유대감을 통해 자존감이나 인지 능력을 발달시킨다. 따라서 부모는 아이가 주도해서 놀게 하고, 칭찬과 호응으로 긍정적인 마음이나 자존감을 키워주어야 한다.

그러면 긍정적인 마음과 자존감을 갖도록 하는 노력은 언제부터 시작해야 할까? 엄마 배 속에서의 열 달은 아이가 지능과 감성을 키우는 중요한 시기다. 이때 엄마가 적절한 자극을 주면 태아의 두뇌 발달과 감성을 키우는 데 많은 도움이 된다.

태아가 배 속에 있으니 아무것도 보지 못하고 듣지 못한다고 생각하면 안 된다. 태아는 엄마의 눈과 마음을 통해 보고, 엄마가 듣는 것을 모두 듣고 있으니, 항상 말을 걸어주어야 한다. 부모의 목소리와 이야기는 태아에게 세상을 배우는 통로이고 지혜를 늘려가는 원천이다.

태아에게는 무엇을 말해주든 정확히 표현하는 것이 좋다. 예를 들어 과일 하나를 먹는다면 맛, 색깔, 모양, 크기까지 다양하게 말해주는 것이 좋다. 또한 태담은 적절한 제스처와 음률이 들어가는 내용으로 이야기해주는 것이 좋다. 태아가 보고 있다는 생각으로 동작도 크게 하고, 억양도 높낮이를 달리하고, 음색도 여러 가지로 표현하면 더 좋다.

특히 아빠는 남편으로서 최대한 아내를 보살피고 이해하려고 노력해야 하고, 태아뿐 아니라 엄마와도 서로 감정을 교류하고 대화를 나

눠야 한다. 이런 유대감은 부모와 사회에 대한 긍정적인 마음을 일으키며 자존감 형성에 밑거름이 된다.

18개월쯤 되면 아기는 엄마와 강한 애착을 형성하기 때문에 엄마 곁에 있으면 안전하다고 느낀다. 대소변을 가리고 말도 많이 배워서 독립적인 행동을 할 수 있는 기본 여건을 갖추게 된다. 아이는 자기가 모든 것을 할 수 있고 그 권한도 가지고 있다고 생각하게 되며, 자신감을 가지고 독자적인 행동을 하기 시작한다.

자유자재로 공간을 이동할 수 있으므로 집 안을 탐색하는 일도 많아진다. 무엇이든 자기가 하려고 한다. "내가 할래"라고 하면서 아이가 스스로 하려고 하면 어설프더라도 지켜봐주자. 작은 성취를 경험하면 자신감이 더욱 강화된다. 만약 실패하더라도 아이를 지지해주면 또 다른 시도를 하는 데 중요한 격려가 된다.

긍정적인 마음과 자존감은 기억력을 높이는 데도 도움이 된다. 감정 중추와 기억중추는 서로 붙어 있기 때문이다. 따라서 부모를 신뢰하면 아이는 긍정적인 마음과 자존감을 갖게 되며, 이것이 편도체와 같은 감정의 뇌를 강하게 자극하게 된다. 다시 감정의 뇌는 해마와 같은 기억의 뇌를 강하게 자극해서 기억력을 높인다. 반면 부모를 믿지 못하면 스트레스를 받기 때문에 감정의 뇌가 그만큼 기분 좋은 자극을 받지 못하고, 기억의 뇌 역시 자극을 덜 받게 되니 기억력이 떨어질 수밖에 없다.

또한 긍정적인 마음과 자존감은 세로토닌 분비를 증가시켜 집중력을 높여주고 신경줄기세포의 생성을 촉진한다. 뇌의 밑바닥 줄기 한가

운데에는 정신이 맑게 깨어 있게 하고 집중할 수 있게 해주는 신경세포의 그물이 있다.

　망상활성화계라고 부르는 이 신경세포의 그물은 뇌의 맨 위쪽에 있는 대뇌 신경세포에 계속 자극을 보내 정신을 맑게 유지하고, 한 곳에 집중할 수 있게 해준다. 그런데 기분이 나쁘거나 짜증스러우면 감정이 여러 갈래로 흩어지며 망상활성화계도 흩어져 억제되면서 주의가 산만해지고 기억 기능도 잘 이루어지지 않는다. 하지만 자기가 좋아하는 사람과 같이 놀면 재미와 흥미를 느끼며 즐거워지기 때문에 망상활성화계가 활성화된다. 따라서 집중력이 증가한다.

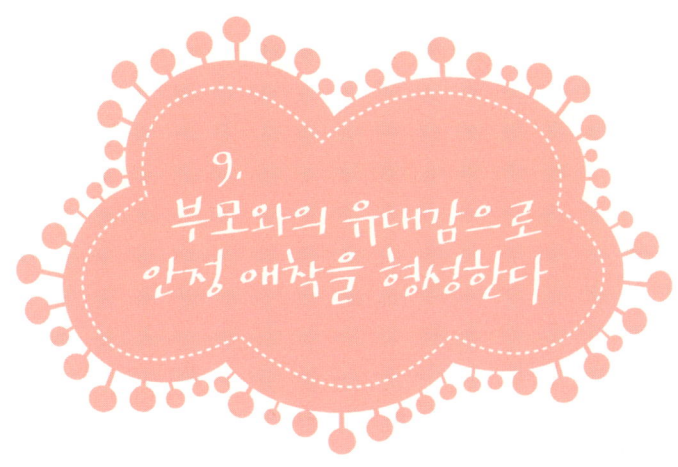

9. 부모와의 유대감으로 안정 애착을 형성한다

한 연구자가 북인도산 원숭이를 대상으로 흥미로운 실험을 했다. 아기 원숭이를 출생 직후 어미에게서 떼어내어 대리모 인숭이 모형 두 종류에 맡겼는데, 한쪽은 철사로 감겨 있는 원통 모양의 원숭이 모형이었고, 다른 한쪽은 부드러운 천으로 덮인 원숭이 모형이었다.

그 결과 철사로 된 대리모에게서 키워진 원숭이는 작은 소리에도 깜짝깜짝 놀라고 정서적 안정이 부족한 반면, 천으로 된 대리모에게서 키워진 원숭이는 표정이 침착하고 행동도 안정되었으며 낯선 환경에서도 탐색 능력이 높고 더 자연스러웠다. 이들에게 큰 소리를 들려주며 놀라게 했더니 철사로 된 대리모에게서 키워진 원숭이조차 천으로 된 대리모에게 달려가 품에 안겼다.

아이는 스트레스를 받으면 주양육자를 찾고, 마음이 안정될 때까지 곁에 있으려고 한다. 애착 학자인 볼비에 의하면 아이는 단순히 먹을 것을 준다고 해서 곁에 있으려고 하지는 않는다. 접촉이나 상호작용으로 아이를 보호하고 돌봐준 주양육자여야 한다는 것이다.

아이의 정서 발달에는 아이가 태어나고 처음 몇 년간 부모가 얼마나 신속하고 민감하게 반응하는가가 중요하다. 그뿐만 아니라 부모의 반응은 아이의 사회성 발달과 성격 형성을 돕는 원동력이 된다.

안정 애착이 형성된 아이는 부모의 보호 아래서 호기심을 가지고 적극적이고 자유롭게 탐색한다. 만약 낯선 사람이 말을 걸면 엄마의 반응을 살피고, 엄마가 안전하다는 신호를 보내면 낯선 사람에게 다가간다.

부모는 아이의 활동 수준에 맞춰 민감하게 반응하고, 아이가 짜증스러워하거나 지루해하는 등의 모습을 보이면 빠르게 대처해야 한다. 부모의 태도가 아이의 코르티솔을 낮출 수 있고 긍정적인 마음을 심어줄 수 있기 때문이다. 이것이 신경전달물질을 분비시켜 아이 뇌의 뉴런을 성장시키고 시냅스를 증가시키고 강화한다. 이렇게 되면 안정 애착 아이들은 스스로 정서를 조절하기 시작한다. 이때 엔도르핀 등에 의해 만들어지는 오피오이드 시스템이 공고히 구축되는 것이다.

반면 안정 애착이 형성되지 못한 아이는 엄마를 졸졸 따라다니면서 떨어지려 하지 않고, 불안해지면 엄마를 찾으려 매달린다. 여기에 더해 부모에게 무시당하거나 거부당하는 일이 많으면 아이는 감정을 차단해버린다. 또 부모와 심리적 거리를 유지하면서 스스로 안정을 찾으려고 노력하며 성장하게 된다.

아기 때 불안정 애착을 보인 아이들은 유치원에 들어가면 다른 아이에 비해 비협조적이고, 이들 중 많은 아이가 공격적인 성향을 보인다. 또 자신의 잘못을 다른 사람 탓으로 돌리고 다른 아이들에게 적대적인 경우가 많다

24개월 이전에는 독립심보다 부모와의 유대감을 키워라

앨런 쇼어는 이러한 애착 이론을 뇌과학적으로 해석했다. 그는 영유아기 때 부모와의 관계가 특히 우뇌 성숙을 좌우한다고 주장한다. 그리고 부모가 아이의 감정을 어떻게 다루는가에 애착 형성이 달려 있다고 말한다. 예를 들어 배고파 우는 아기에게 젖을 줄 때 엄마가 신경질적이고 귀찮은 표정을 짓는다면 아기는 두 가지 상충된 경험을 하게 된다. 배가 고프다고 울면 젖을 먹을 수 있고 배고픔을 해결하지만, 동시에 엄마의 부정적인 감정을 느낀다. 이런 일이 계속된다면 아기는 자존감을 잃게 될 것이다.

대니얼 스턴은 부모와 아이의 상호작용이 활발하면 세 가지 중요한 결과가 일어난다고 한다.

첫째, 아이의 뇌에서 기분이 좋아지는 신경전달물질이 분비되어 동기의 뇌가 활성화된다. 그로 인해 동기 부여에 관련된 신경계 흐름이 활발해진다.

둘째, 부모와 아이 사이의 유대감이 높아져 애착이 강화된다.

셋째, 감정을 공유하는 공감 능력이 좋아진다.

아이가 불안정 애착을 보이는 것은 엄마가 아이를 거부하거나 아이에게 굴욕감을 주었기 때문이다. 엄마가 아이의 요구를 들어주지 않거나 거절하는 경우가 이에 속한다. 이런 엄마는 특히 아직 어린 아이를 밀어내면서 빨리 독립심을 가지라고 재촉하는 경향이 있다. 아이는 경험을 통해 엄마가 자신의 요구를 충족해주거나 충분히 달래주지 않으리라고 믿으면 다음부터는 엄마에게 다가가지 않을 것이다. 24개월 이전에는 독립심보다 부모와의 유대감을 높이는 것이 더 중요하다.

부모와의 사별이나 부모의 이혼도 문제가 되며, 엄마나 아빠가 병원에 장기간 입원해서 아이와 접촉이 없거나 부모와 자주 떨어져 지낸 아이도 불안정 애착을 형성할 수 있다.

부모의 공감 능력도 중요하다. 자신의 욕구와 감정을 억제하고, 다른 사람의 감정과 욕구도 무시하는 부모는 아이에게 공감해주지 못한다.

아기에게 엄마의 심장 소리를 듣는 것과 스킨십은 생존의 필수 요소다. 아기를 가슴에 안고 서로의 피부와 체온을 느끼며 스킨십을 통해 정서와 신체적인 교감을 나누는 캥거루 케어는 아이와 엄마 모두에게 옥시토신을 만들어 아이의 오피오이드 시스템을 발달시킨다. 어릴수록 더 안고, 빨고, 만져야 한다. 부모가 아기와 스킨십을 하고 젖을 먹이면서 쌓이는 신뢰감은 옥시토신이라는 물질이 매개한다. 그리고 잘 형성된 오피오이드 시스템 신경회로는 아이에게 중요한 자기 이해 지능과 대인 관계 지능, 그리고 회복탄력성의 기반이 된다.

아기들은 안고 흔들거나, 안고 걸어가는 것을 가장 좋아한다. 그래서 아이의 뇌 발달을 위해서는 아직 엄마와 분리되지 않았다는 생각이 필요하다. 따라서 캥거루 케어는 뇌가 급속하게 발달하는 12개월까지는 꼭 필요하고, 시냅스가 최고로 증가하는 24개월까지는 안아주고 업어주어야 하며, 뇌가 지속적으로 발달하는 49~72개월에도 안아주고 스킨십을 충분히 해주어야 한다.

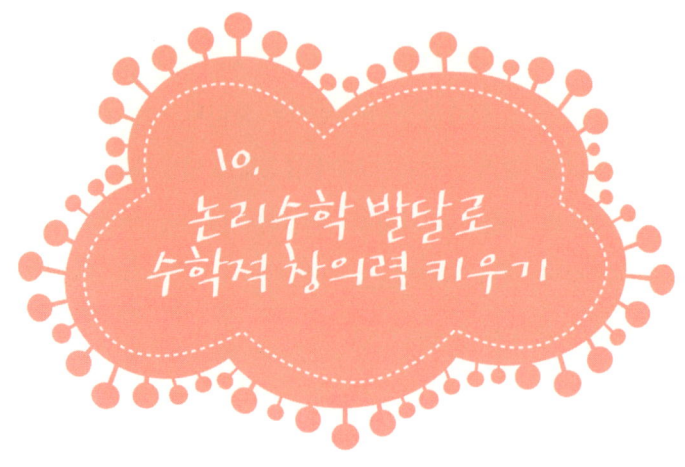

10. 논리수학 발달로 수학적 창의력 키우기

논리수학의 발달은 인간의 뇌에 유전적으로 프로그래밍된 능력이다. 이렇게 선천적으로 인간의 뇌에 내재되어 있는 발달을 경험기대적인 발달이라고 하는데, 논리수학의 발달은 36개월 이전에 이루어진다.

논리수학의 발달이 36개월 이전에 이루어진다고 부모 교육 시간에 이야기했더니, 어떤 부모가 신생아 때부터 숫자를 가르쳐야겠다고 다짐하던 모습이 기억에 남는다.

논리수학의 발달은 숫자라기보다 물건을 떨어뜨리면 깨지고 리모컨을 누르면 TV가 켜지는 것처럼 인과를 파악하는 능력, 일상생활에서 보는 동그라미, 네모, 세모, 입방체 등 공간을 지각하는 능력, 놀이의 순서와 같은 시간 변화를 이해하는 능력, 많다 적다, 크다 작다, 길다 짧다, 높다 낮다와 같은 양적 차이를 아는 능력이다. 따라서 부모가 가르치고 싶어 하는 숫자나 뺄셈 및 덧셈 같은 연산은 일부에 불과하며, 신생아 때부터 가르쳐야 하는 것도 아니다.

물론 논리수학의 발달은 경험기대적 발달이므로 36개월을 놓쳐서는 안 되고, 이 시기를 놓치면 돌이킬 수 없다. 또 과잉 교육은 필요 없지만 36개월 이전에 논리수학적 자극이 이루어져야 아인슈타인 같은 수학적 창의력을 가진 과학자를 꿈꿀 수 있다.

공간지각력과 수의 기초에 대한 이해 능력을 키운다

논리수학의 발달을 위한 부모의 지침은 다음과 같다.

첫째, 공간지각력을 키워주라.

아기는 커가면서 능동적으로 주위 환경을 탐색하고, 이를 통해 자기를 둘러싼 생활 공간을 보다 구체적으로 이해하게 된다. 생후 6개월 정도까지는 아기의 손이 미치는 범위 정도만 이해할 수 있지만, 신체가 발달하면서 이동이 가능해지면 이해 범위가 확장된다.

생후 12개월이 지나면 사물의 크기를 비교하는 능력이 싹트기 시작한다. 24개월 아이는 선의 길이가 20분의 1 정도만 달라도 길고 짧은 것을 구분할 수 있다. 원의 크기도 24개월 아이는 반수 이상 정확하게 판단하며, 36개월 아이는 거의 모두 정확하게 구분한다. 일상적인 놀이로 공간지각력을 발달시키는 것은 수학의 뇌인 두정엽 발달에 중요하다.

둘째, 시간을 이해시켜라.

아침에 일어나면 수유를 하고, 낮에 엄마와 실내에서 놀다가, 오후에는 외기욕을 하고 저녁 수유 후 잠자리에 드는 것처럼, 매일 반복되는 일상의 경험으로 아기는 시간의 흐름을 이해하게 된다. 물론 시간의 흐름을 언어로 표현하기까지는 좀 더 시간이 걸리지만, 몸으로는 이미 시간의 개념을 익힌다는 것이다. 따라서 수유 시간, 놀이 시간, 잠자는 시간 등 반복되는 일과를 규칙적으로 해서 아이가 시간을 이해할 수 있게끔 할 필요가 있다.

생활 속에서 시간을 표현하는 언어도 발달시키자. 연구에 의하면 생후 24개월 아이는 '먼저'라는 단어를 사용할 수 있고, 36개월이 넘으면 '나중에', '어제'라는 표현이 가능하며, 이후에는 '내일'이라는 표현도 가능하다. 하루하루 일정하게 반복되는 생활 체험과 동시에 그것을 순서대로 표현할 수 있는 언어 습득이 함께 이루어져야 뇌 발달에 효과적이다.

셋째, 수에 대한 개념을 알게 하라.

아이는 일상생활에서 '수'라는 세계에 둘러싸여 있다. '수에 대한 개념'은 단순하게 1, 2, 3의 숫자를 소리 내어 읽는 것이 아니라, 하나의 물건, 두 개의 물건, 세 개의 물건 등을 올바르게 세는 것을 의미한다.

아이가 블록을 두세 개 쌓는 것은 18개월이면 가능하지만, 블록을 올바르게 세려면 36개월은 되어야 하며, 48개월이 되어야 10개 정도의 물건을 셀 수 있다. 더구나 아이는 3까지는 숫자로 인식하지 않고, 4부터 숫자로 인식한다. 3까지는 세지 않고도 받아들일 수 있지만, 4 이상을 이해하기 위해서는 수의 개념이 있어야 하기 때문이다.

따라서 아이에게 "하나, 둘, 셋"을 아무리 많이 이야기해줘도 소용없다. 수의 개념을 키우고 싶다면 아이한테 4부터 10까지의 숫자를 많이 말하고, 관련된 사물을 직접 보여주어야 한다. "엄마가 2분 뒤에 돌아올게"처럼 숫자도 4 이하이고 눈에 보이지 않는 것을 말하는 것보다, "여기 자동차가 다섯 대 있어"처럼 사물을 이용해서 4 이상의 숫자를 말하는 것이 더 효과적이다.

넷째, 구체물로 체험하게 하라.

6개월 이전의 아기는 물건을 입으로 가져가서 입체적인 모양을 확인한다. 이후에는 소근육을 사용해서 장난감이나 교구를 끼우거나 맞추고 쌓으면서 입체를 확인하고 공간 감각을 익히게 된다. 구체물을 탐색하고 조작하면서 분류 비교하고 서열화하는 수의 기초 이해 능력을 발달시키는 것이다.

구체물은 수 개념을 명확하게 할 수 있을 뿐 아니라 조작을 통해 집중력과 끈기가 길러진다. 또 문제 상황을 끊임없이 탐색하고 극복하면서 자신감과 자율성이 발달되며 사고력과 창의력도 생긴다. 구체물에 주의를 집중해서 관찰하고, 관찰을 통해 새로운 것을 발견하며, 논리적인 사고력을 향상시키는 것이다. 논리수학 계발 그림책을 읽어주기보다 직접 구체물을 관찰하고 조작하게 하는 것이 더 효과적이다.

다섯째, 대화를 통해 익히게 하라.

숫자가 쓰여 있는 그림책보다 부모의 말을 통한 소리로 숫자를 익히는 것이 더 효과적이다. 특히 부모가 아이에게 24개월 전후로 대화하듯이 숫자를 가르치면 아이가 나중에 수를 더 빨리 익혀 수학을 더 잘한다는 연구 결과가 있다.

수잔 레빈 교수는 다양한 계층과 인종에 속한 생후 14~30개월 아기 44명에게 가족이 숫자에 대해서 얼마나 얘기하는지를 기록했다. 그리고 나중에 아기들한테 종이에 그려진 정사각형과 숫자를 연결하는 테스트를 했다. 연구 결과 가족에게서 숫자를 많이 들은 아이는 더 정확하고 빠르게 응답했고 수학을 더 잘 이해했다. 어렸을 때 숫자에 대해 얼마나 많이 들었는가에 따라 학교에 들어간 후 수학 성적에서 차이가 나는 것이다. 부모는 아이가 되도록 어릴 때부터 대화로 숫자를 가르치는 것이 좋다.

0~24개월 월령별 논리수학 발달 오감육아

■ 0~3개월: 시선의 초점을 맞추는 법을 익히게 하자

시각적으로 모양을 파악하는 것이 중요하다. 특히 구체적인 모양보다 추상적인 모양을 좋아하는 시기이므로, 검은색이나 붉은색의 도형이나 사선이 그려진 모빌을 침대 위 20cm 정도 높이에 달아 시선의 초점을 강화하고 집중하는 법을 익히게 하자. 혀나 입술을 통해 물건의 형태를 인지하는 시기이므로 다양한 것을 빨게 하자.

■ 4~6개월: 워킹메모리를 키우는 '까꿍 놀이'

어떤 일이 일어날지 기대하면서 기다리는 '까꿍 놀이'는 워킹메모리를 키우는 데 도움을 준다. 아기의 눈앞에서 손수건으로 장난감을 숨긴 다음 "어디에 숨었는지 찾아볼까?"라고 말하면서 손수건을 들추는 놀이를 해주면, 눈에 보이지 않아도 내상이 존재한다는 사실을 알게 된다.

■ 7~9개월: 공간 감각을 가르치고 소리의 차이를 알게 하자

딸랑이, 넣고 빼기, 뚜껑 열기, 오뚜기, 촉감 공, 휴지 뽑기, 만졌을 때 소리가 나거나 촉감이 다른 장난감 등은 공간 지각, 원인과 결과 인식을 발달시킨다. 이 시기의 아기들은 양손을 자유롭게 사용할 수 있으므로 양손에 딸랑이나 블록을 잡고서 자연스럽게 마주치게 해서 공간 감각을 가르치고 소리의 차이를 알게 하자.

■ 10~12개월: 기본적인 수리적 개념을 맛보기 시작한다

아기는 평평하고 단단한 바닥에서 블록 하나를 또 다른 것 위에 올려놓을 수 있다. 이런 방식으로 아기는 '더 많은 것'과 '더 적은 것'에 대한 기본적인 수리적 개념을 맛보기 시작한다. 작은 종이 상자 윗면에 블록이나 장난감이 들어갈 만한 크기로 구멍을 뚫은 다음 장난감을 구멍 안에 집어넣게 해서 수 개념을 알려주자.

■ 13~18개월: 구체적인 대상으로 숫자를 말해주자

블록으로 탑 쌓기, 종이 막대기 키 재기 등 일상적인 물건으로 수학 개념을 형성시키자. 아이가 가지고 있는 사탕 중 하나를 더하고 빼는 등의 방법으로 수가 늘어나고 줄어드는 모습을 보여주는 것도 좋다. 눈으로 볼 수 있는 구체적인 대상을 이용해 숫자를 말해주자.

■ 19~24개월: 생활 속에서 수 익히기

생활 속에서 수를 외우는 일이 생겨난다. 맛있는 초콜릿을 줄 때 "한 개, 두 개, 세 개" 등으로 세면서 주고, "사탕 하나 주세요" 등을 시키면 좋다. 이때는 하나나 둘까지는 알지만 그 이상은 모른다. 걸음마 시기 아이의 숫자 4는 큰 아이들이 이해하는 추상적인 숫자 4의 개념이 아니다. 실생활에서 헤아려야 알 수 있기 때문이다. 작은 어항, 화분, 돌멩이, 조개껍질, 돋보기 등 한 번에 모든 재료를 제시하지 않고, 한 가지씩 보여주며 아이와 충분한 상호작용을 하자.

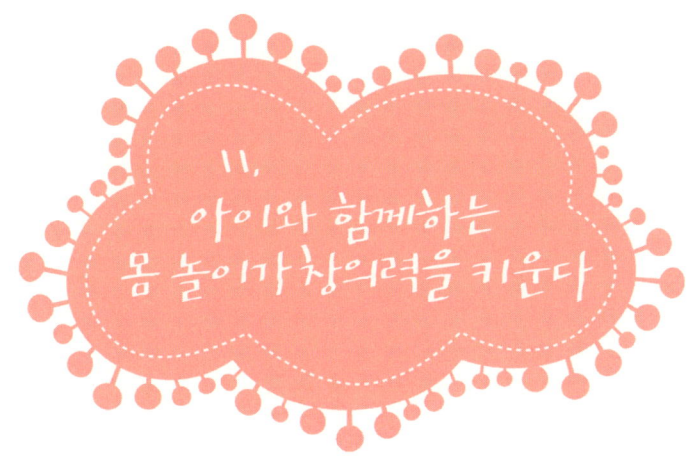

11. 아이와 함께하는 몸 놀이가 창의력을 키운다

아기의 기어가기는 뇌 발달에 큰 영향을 미친다

아이의 대근육운동 발달은 일정한 순서가 있어서 목, 어깨, 팔, 허리, 손발의 순으로 진행된다. 목 가누기는 대략 생후 3개월 정도면 가능하고, 약 6개월이 지나면 앉을 수 있다. 그 이후 혼자 서는 시기를 거쳐 일반적으로 12~15개월이 되면 혼자 걸을 수 있다.

아기가 두 눈을 집중해서 목적지로 기어가는 행동은 뇌 발달에 중요한 영향을 미친다. 기어가려면 팔과 다리의 균형과 힘을 맞춰야 하는데, 그 과정에서 아기의 좌우 뇌가 균형 있게 발달한다. 밀기 놀이를 통해 아기들은 자신에게 힘이 있다는 것을 느끼고, 그 힘을 자기 마음대로 사용할 수 있다는 것도 배운다.

걷기가 가능해지면 신체 위치를 빠르게 바꾸는 기민성, 불안정한 상태에서 몸의 균형을 유지하는 평형성, 두 가지 이상의 신체 부위를 동시에 움직여 통합하는 전신적 협응성이 현저하게 발달한다. 그래서 걷기는 물론 달리기, 던지기, 받기, 세발자전거 타기 등 복잡한 활동이 가능하다. 대근육을 이용한 몸 놀이를 어릴 때 다양하게 경험하면 향후 운동신경 발달에 중요한 디딤돌이 된다.

창의력은 문제 해결력이다. 아이가 자신에게 주어진 과제를 해결하려면 우선 문제의식을 가져야 한다. 또 아이는 자신의 호기심을 채우고 문제를 극복하려고 여러 가지를 시도한다. 때문에 문제의식은 아이의 통찰력을 키우는 데 좋은 자극이며, 문제 해결의 기회를 제공한다고 할 수 있다.

주어진 과제를 해결하기 위해서는 자발성과 몰입이 필요한데, 자발성을 가지고 몰입하려면 아이가 진실로 원해야 한다. 진실로 원하면 보이지 않던 것들이 보이고, 새롭게 바라보게 되며, 해결의 실마리를 찾아내게 된다.

또한 소근육운동 발달도 중요한데, 손놀림은 소근육만의 문제가 아니라 안구의 고정, 눈과 손의 협응이 필요하고, 청각, 시각, 촉각 등의 감각과도 상호작용해야 가능하다. 즉 손놀림은 외부를 탐색하며 적응하고 문제를 해결하는 수단이 되기 때문에 지능과 관련이 깊다.

소근육운동을 이용하는 미술 놀이는 아이 자신을 자유롭게 표현하는 기회라서 문제 해결력의 기본인 창의력을 키울 수 있다. 블록 놀이도 소근육을 이용하는 대표적인 놀이이며, 공간 감각을 향상시키고 수학적 문제 해결력을 높일 수 있다. 문제 해결은 새로운 학습의 길을 열어주는 구실을 한다. 새로운 신경회로 생성을 촉진하는 신경전달물질이 시냅스 형성에 도움을 주기 때문이다.

두뇌 발달에 좋은 신생아의 손놀림 운동

소근육이 발달하는 것은 생후 18개월 이후부터지만, 신생아 때부터의 손놀림은 뇌 발달에 큰 도움이 된다. 아기 때부터 손으로 하는 놀이를 자주, 또 지속적으로 시켜라.

첫째, 아빠와 하는 몸 놀이는 주도성을 키워준다!
12개월까지는 아기가 어려서, 거의 어른의 손안에 있다고 할 수 있다. 그러나 일단 걷기 시작하면서 생활은 급변한다. 생활 공간이 넓어지기 때문이다. 12개월의 발걸음이라야 안방, 거실, 부엌 정도의 공간 안에서 왔다 갔다 하는 것일 뿐이지만, 아이에게는 놀라운 변화라고 할 수 있다. 또한 서서 아래를 볼 수 있기 때문에 주위 환경을 입체적으로 파악하는 기회가 된다.

아빠와의 몸 놀이는 아이에게 기발하고 새롭기 때문에 대부분의 아이는 아빠와 노는 것을 좋아한다. 아빠는 아이와 몸 놀이를 하면서 유대감을 높이고, 아기의 호기심과 다양한 욕구를 채워줄 수 있다. 놀이의 주도권은 아이에게 주고 아빠는 보조적인 역할을 하는 것이 좋다.

레슬링, 아이를 온몸으로 돌리는 비행기 놀이, 무등 타기, 숨바꼭질은 아빠와 아이가 할 수 있는 대표적인 몸 놀이다. 아이와 레슬링을 할 때 아빠가 큰 몸으로 아이 몸을 감싸고 아이가 어떻게 빠져나오는지 기다려보라. 아이는 주도적으로 빠져나오는 방법을 여러 가지로 궁리할 것이다. 숨바꼭질도 좋은데, 아빠가 숨고 아기가 찾는 과정에서 주도성뿐 아니라 문제 해결력도 높아진다. 아빠는 지적 호기심이 왕성하고 상상력이 풍부한 아이를 따라가면서 짧지만 굵게 놀아주라.

아기가 기어 다닐 때는 부모도 아기와 함께 방의 다른 쪽을 기고 동시에 우스운 행동을 해보라. 만일 아기가 걷는다면 아기처럼 걷거나, 걸었다가 기었다가 하면서 아기 흉내를 내보자. 부모가 하는 행동을 설명해보라. "나는 탁자 둘레를 걷고 있어", "나는 방 안을 기어 다녀", "나는 일어났다 앉았다 한다" 하고 말한다. 여러 행동을 하면서 아기가 흉내 내도록 부추김으로써, 관찰력과 청각주의력 발달에 도움을 줄 수 있다.

둘째, 미술 놀이는 창의력을 키운다!

오감을 자극하는 미술 놀이를 통한 다양한 체험과 감각 경험은 이후의 학습에 기초 체력이 된다. 아이는 보고 만지는 과정에서 색채 감각을 온몸으로 인지하고, 미술에 흥미를 가지게 된다. 미술은 학습이 아니라 자연스러운 놀이로 자신을 표현하는 수단이다. 따라서 색에 대한 고정관념을 주지 않는다면 아이의 창의력을 키울 수 있다.

펜이나 연필 외에 색연필, 물감, 종이찰흙 등 다양한 도구들로 표현하게 하고, 스스로 그 차이점을 느끼게 한다. 한 가지 색깔의 물감을 칠하고 다른 색깔의 물감을 덧칠해서 새로운 색깔이 만들어지는 걸 아는 것도 창의력이다. 종이찰흙을 자유롭게 주무르고 빚으면서도 창의력이 키워지고 문제 해결력이 향상된다. 부모는 미술 놀이를 의사소통의 기회로 삼아, 그림을 그리거나 종이찰흙을 주무를 때 아이와 충분히 이야기하면 좋다.

셋째, 블록 놀이로 공간지각력을 높여라!

시각이나 운동 기능과 연결된 뉴런은 아주 어릴 적에는 잘 훈련되지 않지만, 어릴 때부터 시각과 소근육의 협응을 발달시킬 필요가 있다.

블록은 촉각을 자극하고 소근육의 협응을 키울 수 있는 대표적인 장난감이다. 블록을 쌓는 것은 소뇌, 대뇌피질, 시각중추, 전정기관 등이 복합적으로 연결되는 고도의 기능으로, 손놀림이 섬세하지 않으면 불가능하다. 기울기를 눈으로 체크하고, 다시 손가락 감각으로 확인하면서 바로 세워야 한다. 이것은 대뇌의 신경회로를 만드는 데 최고의 자극이다.

아이는 블록을 갖고 놀면서 구조물을 짓고 나서 바로 무너뜨려버린다. 그러고는 다시 쌓는다. 특정 모양의 그림을 제시해서 만들어보게 하고, 아이가 좋아하는 사물이나 도구를 만들게 해보라. 부모가 레고나 블록으로 원하는 모양의 일부를 만들어놓고 아이가 완성하게 하는 것도 좋다. 3차원으로 만들어지는 것이기 때문에 공간지능과 문제 해결력이 자연스레 높아진다.

장난감을 하나 들어서 탑 위에 올려놓으면서 이렇게 말한다. "이 장난감을 이 탑 위에다 올려놓아요. 제일 위에다 올려놓아요." 그리고 그 장난감을 손으로 툭 쳐서 떨어뜨린 다음, "장난감이 아래로 떨어졌어요"라고 말해준다.

15개월이 되면 손가락을 사용하는 손놀림이 가능하다

신생아의 손바닥에 블록을 놓으면 그것을 꼭 쥔다. 그러나 이때는 의도적인 쥐기가 아니라 일종의 반사에 불과하다. 쥐기 반사라고 해서, 신생아가 원치 않아도 손바닥에 대기만 하면 손바닥이 오므라지면서 블록을 쥐게 되는 것이다. 아기가 의도적으로 블록을 쥐려면 5개월은 되어야 한다.

아기는 4개월 반부터 5개월까지는 손바닥과 손가락을 사용해 물건을 쥔다. 아직 손가락 놀림까지 자유로워진 것은 아니고, 엄지와 다른 네 손가락을 나란히 붙여서 물건을 쥐는 정도다. 아기는 5개월이 되어도 블록을 꼭 쥐기보다는 블록을 손바닥으로 만지는 수준이다. 엄지를 다른 손가락과 분리해서 쥐는 것은 6개월이 지나서부터다.

7개월이 되어야 엄지손가락을 사용하지 않고 손바닥으로 블록을 쥘 수 있다. 7~8개월 아기는 한 번에 두 개의 물건을 쥘 수 있는데, 가지고 있는 두 개의 물건을 비교하기도 한다. 손을 지능적으로 사용할 수 있어서, 멀리 굴러간 장난감을 끌어오기 위해 손잡이 끈을 잡아당기거나, 천 위에 놓여 있는 장난감을 손에 넣기 위해 천을 잡아당긴다.

대상영속성 개념도 생기기 시작해서, 장난감을 덮은 커버를 벗겨낸다. 손바닥을 사용하지 않고 손가락만으로 물건을 잡는 고도의 기술은 9개월이 되어야 뇌 발달이 이루어져서 가능하다.

15개월 이전에는 물건을 쥘 때 팔 전체를 사용하지만, 15개월이 되면 손가락 모두를 함께 사용해서 성숙한 손놀림이 가능하다. 그러나 숟가락이나 젓가락을 자유자재로 사용하는 것은 훨씬 이후에야 가능하다. 24개월이 되어도 아이는 포크 다루는 것이 서투르다.

12. 장난감은 아이의 뇌를 발달시킨다

장난감은 아이의 상상력과 꿈을 키워주는 도구

 아이의 뇌는 환경을 통해 다양하게 반응하면서 더욱 발달하기 때문에 늘 아이에게 좋은 자극을 주는 노력이 필요하다. 이런 노력은 특별한 도구나 값비싼 장난감이 있어야만 가능한 일이 아니다. 일상생활에서도 잘 정돈된 언어 자극, 시각 자극, 청각 자극, 촉각 자극 등을 주며 적절한 운동을 하게 하면 충분하다. 지나치게 강한 자극이나 오랫동안 같은 자극에 노출되는 것은 피해야 한다.

 아이는 장난감을 가지고 놀면서 자신을 알고 이 세상을 배운다. 장난감은 아이에게 상상력과 꿈을 키워주는 중요한 도구다. 또한 상상력과 꿈은 시간을 가지고 반복 경험해야만 발달한다. 즉 장난감이 아이의 뇌를 자극해서 상상력과 꿈을 구체화하기 때문에 창의력도 커진다는 소리다.

아이는 굴러다니는 구슬, 냄비 뚜껑, 과자 상자로도 자신만의 이야기를 만들어낼 줄 안다. 그래서 일상용품으로 자신만의 장난감을 만들어 상상하고 꿈을 꾸려는 아이의 욕구를 충족시키는 것이 중요하다. 대부분 아이가 자기 장난감에 애착을 가지고 소중히 다루는 것도 장난감의 그런 순기능 때문이다.

첫째, 오감을 자극한다.

아이들은 선천적으로 감각이 예민하다. 특히 나무, 흙, 목화솜, 양털, 금속 등의 천연 물질을 만지면서 편안함과 기쁨을 느끼는데, 이는 촉감이 주는 강력한 감각적 경험 때문이다. 장난감은 촉각뿐 아니라 색깔, 소리, 냄새, 움직임을 통해 끊임없이 아이를 자극한다.

둘째, 자아를 의식하게 한다.

캐릭터 장난감은 역할 놀이에 유용하다. 아이는 캐릭터 장난감이나 인형을 통해 자신의 미래를 상상하고 꿈꾼다. 또 이런 장난감을 통해 캐릭터가 나타내는 인물과 관련된 긍정적 가치들, 예를 들면 용기나 사랑, 배려, 끈기, 자존감을 배운다.

셋째, 사회성을 가르친다.

소근육운동을 통한 학습은 절차 기억이라서, 체험을 통해 익혀가는 것이다. 남자아이는 아빠가 사용하는 도구와 장비 모형을 가지고 놀면서 사회화되고, 여자아이는 엄마가 사용하는 살림도구 모형을 가지고 놀며 성 역할을 배우고 생활을 체험한다.

<u>넷째, 장난감을 통해 배우게 한다.</u>
아빠는 아이와 놀 때 즐거움에 초점을 두는 반면 엄마는 아이와 놀 때도 학습을 염두에 두는 경향이 있다. 아이는 장난감을 통해 논리성과 판단력을 키우고 수와 도형 감각을 배운다. 단, 장난감은 아이가 자발적으로 선택한 것이라야 효과적이다.

아이의 창의력을 키우는 장난감

- 모빌

신생아의 시각을 발달시키며 음악이 있는 모빌은 청각 발달에 좋다. (출생~6주)

- 딸랑이

딸랑이 소리는 청각 발달에 좋고 주의력과 집중력을 기르는 데 효과적이다. (6주~3개월)

- 흔들거리는 장난감

흔들거리는 장난감의 소리를 알게 되면, 그 소리를 들으려는 행동을 반복한다. 그러면서 뇌가 발달한다. (3~6개월)

- 나무 블록과 공

블록이나 공을 만지고 옮기고 굴리며 차이를 비교하는데, 인지 및 청각 발달에 좋다. 공 굴리기는 대상연속성 개념 형성과 운동신경 발달에 도움을 준다. (6~8개월)

- 장난감 전화

"엄마, 아빠, 맘마" 등 간단한 단어를 말할 수 있는 아이들에게 유용한 장난감이다. 어휘 능력과 상상력을 기르는 데 유용하다. (8~18개월)

- 신발 끈과 구슬 꿰기 장난감

끈을 혼자 매거나 푸는 일, 구슬을 꿰거나 빼는 일 등을 하면 집중력과 성취감을 얻게 되며, 인내심과 자신감도 얻을 수 있다. (12~15개월)

- 두드리거나 망치로 치는 장난감

눈과 손의 정확한 협응력과 집중력을 기를 수 있고, 자신이 한 일의 성과를 보며 성취감을 경험할 수 있다. (13~24개월)

- 끌고 다니는 바퀴 달린 장난감

차나 동물 등의 장난감을 직접 끌고 다니면서 '목적 있는 행동'의 의미를 서서히 인지하기 시작한다. 끈을 잡고 당길 때 좌우로 많이 기울어지거나 안정감이 없는 것은 적당하지 않다. (13~24개월)

아이의 창의력을 망치는 장난감

- 전자오락기

전자오락기나 컴퓨터 게임은 폭력적인 데다 지나치게 몰입되는 중독성이 있어서 악영향을 미친다. 아이의 독창적인 사고와 창의력을 마비시킬 정도로 뇌를 최면 상태에 빠지게 할 수도 있다.

- TV나 책 등에 등장한 캐릭터 장난감

장난감의 의미나 중요성을 쉽게 깨닫지 못하게 할뿐더러, 창의적인 상상력이나 환상을 키우는 데 도움이 안 된다.

- 전자 스케치북

자신이 그린 선과 도형의 모양을 즉각 파악할 수 있는 종이 스케치북과 달리 전자 방식으로 그림을 그릴 경우 아이가 가진 감각과 상상력을 빼앗기 때문에 좋지 않다.

- 패션·소비 지향적인 인형

인형 브랜드를 위해 만들어진 캐릭터가 대부분이다. 올바른 가치관을 심어주기보다 소비 심리를 부추기고, 어른의 취향을 너무 빨리 흡수하게 하는 부작용을 낳는다.

0~24개월 월령별 장난감 오감육아

아이들은 놀이와 장난감으로 자연스럽게 생활 리듬을 몸에 익힌다. 스스로 새로운 세계에 적응하고 새로운 학습 경험을 한다. 즉 놀이와 장난감은 아이들의 사고와 지식을 더욱 풍부하고 의미 있게 만들어주며, 언어와 인지 발달, 자존감 강화, 운동 능력 함량, 사회성 증진, 상상력과 창의력 발달에 도움이 된다.

놀이와 장난감으로 오감을 자극하면 신체적·지적·사회적·감성적 발달을 유도하는 동력이 된다. 이때 중요한 건 놀이와 장난감이 아이의 성장과 발달에 맞춘 것이라야 한다는 점이다.

■ 0~3개월: 시각이 조금씩 발달하지만, 색상의 구별이 불완전한 시기

- 모빌: 색의 대비와 형태가 확실하고 소리가 나는 흑백 모빌이 좋다. 눈의 초점을 맞추고 시각을 발달시킨다.
- 멜로디 장난감, 딸랑이: 주의력과 집중력을 향상시키고 청각과 시각을 자극한다.
- 봉제 장난감, 목욕용 장난감: 촉각이 예민해지도록 돕고, 주의력과 집중력을 향상시킨다.

■ 4~6개월: 청각·시각·촉각 등이 발달하는 시기

오감을 자극하는 장난감이 좋다.
- 천 블록, 유모차에 달린 장난감, 말랑말랑한 공: 촉각을 자극하고, 소근육의 협응력을 키운다.
- 거울: 촉각을 자극하며 눈의 초점 맞추기, 자기 모습 자각에 도움을 준다.
- 치아발육기: 촉각, 미각, 시각, 청각을 자극한다.

- 북, 실로폰, 탬버린 등 악기, 오뚝이: 시각과 청각을 자극하고, 소근육의 협응력을 키운다.

■ 7~12개월: 소근육과 대근육 발달이 이루어지는 시기

물고 빨아도 안전한 제품을 고른다.
- 다양한 주방용품들, 밀고 당기는 장난감, 공: 시각·촉각·청각과 함께 소근육·대근육운동 발달에 좋다.
- 부드러운 인형: 시각·촉각·청각뿐 아니라 언어와 감정 발달에 도움을 준다.
- 커다란 퍼즐, 모양 찾기 상자: 시각과 촉각을 자극하고 공간과 형태, 모양과 형상 지각 발달에 도움을 준다.

■ 13~18개월: 손과 발의 움직임이 원활해지는 탐구의 시기

말하기, 만지기, 놀기와 같은 사회적인 자극이 중요하다.
- 목공 및 도형 장난감, 공: 나무와 도형을 끼우고 두드리는 과정, 공을 굴리고 쫓아가는 과정에서 소근육이 발달하고, 협응력·집중력·성취감을 얻는다.
- 놀람 장난감: 손가락으로 눌렀을 때 예상치 않은 갑작스러운 결과가 나타나는 장난감은 원인과 결과의 개념을 알려준다.
- 자동으로 움직이는 장난감: 태엽을 감거나 건전지를 넣으면 움직이는 장난감은 집중력을 높인다.

■ 19~24개월: 사회성 획득을 준비하는 시기

똑같은 장난감 두 벌을 마련해 또래 친구들과 어울리게 하면 사회성 발달에 좋다.
- 블록: 2.5~3㎝ 크기의 나무 재질이 적당하다. 집중력과 창의력, 읽기와 수학에

필요한 기술, 조화와 선택, 결정을 배운다.
- **모양 분류 상자나 도형**: 같은 모양 맞추기 등을 통해 도형과 색깔을 구별한다. 눈과 손의 협응력을 길러준다.
- **밀고 당기는 장난감**: 아이가 원하는 대로 끌고 다닐 수 있는 자동차 등은 소근육 발달에 좋다.
- **장난감 변기**: 대소변 가리기 훈련이 시작될 때 유용한 장난감이다.
- **인형, 전화기, 거울, 간단한 소꿉도구, 침대 등 역할 놀이 장난감**: 협응력을 키운다.
- **음악 장난감, 미술 놀이 도구, 사물 그림책 등 인지 발달 장난감**: 창의력과 집중력 등을 길러준다.

창의력이 쑥쑥! 오감육아 포인트

0~24개월 월령별 실천편

보고, 듣고, 빨고, 만지고, 냄새 맡는 것이
아이의 뇌를 자극한다

 0~24개월 아이는 사물을 오감으로 확인한다. 이는 뇌의 시냅스를 정교하게 하는 방법이기도 하다. 보고 듣고 냄새 맡고 빨고 만지는 것은 아이의 뇌를 더욱 효과적으로 자극한다. 이 시기에는 정서적인 안정도 중요한데, 아이가 스트레스를 받는다면 기억을 담당하는 해마의 신경망이 위축될 수 있다. 아이들은 기질에 따라 활동적이거나 모든 면에서 친절한 아이가 있는가 하면 내성적이고 혼자서 해결하기를 더 즐기는 아이도 있다.

 특히 창의적인 아이는 쾌활하고 말하기를 좋아할 뿐 아니라 보이는 모든 것을 삼키듯 흡수해버리는 경우도 있다. 이런 아이는 10개월이 되면 성인에게도 사교적이 되며, 12개월에는 주의를 끌기 위해 소리 지르기보다 활짝 웃어 자기가 원하는 것을 얻어내기도 한다. 아이는 웃음을 띤 채 새로 습득한 말을 사용해서 부모를 기쁘게 하며 노는 것이다. 아이의 창의력은 뇌의 정보 처리에서 비롯된 것이지만, 아이의 뇌를 활성화하려면 몸과 마음을 의도적으로 움직이는 것이 좋다. 운동을 하고, 많이 웃고, 긍정적인 마음을 가지면 뇌가 활성화되며 창의력도 높아진다.

신생아의 두뇌 발달에 좋은 환경 만들기

아이의 대뇌 신경회로를 발달시키는 가장 좋은 방법은 아이에게 좋은 환경을 제공해주는 것이다. 좋은 환경은 탐색할 만한 것이 많은 환경이라고 말할 수 있는데, 부모가 아기의 감정적이고 지적인 필요에 반응을 보여주고, 마음을 안정시킬 수 있는 환경을 말한다.

더불어 아이에게는 커뮤니케이션할 사람이 가장 필요하다. 아이에게 노래를 불러주고 아이를 지지하는 사람, 안아주고 말을 건네주고 책을 읽어주는 어른이 필요하다. 플래시 카드가 필요한 것이 아니다.

프랑스 의사인 프레드릭 르봐이예는 조용하고 어두운 방에서 아기를 낳은 다음, 탯줄을 끊지 않은 상태에서 아기를 엄마의 배 위에 올려서 안고 부드럽게 쓰다듬어주라고 권한다. 아기와의 첫 교감이 이렇게 중요하다는 소리다.

요즘 아빠들은 자녀를 출산할 때 동참하는 경우가 많다. 아기의 출산을 본 아빠들은 아기에게 친밀감을 느끼고 잘 안아준다. 출산을 놓친 아빠라도 출산 직후에 아기를 보는 게 좋다. 아기와 깊은 친밀감을 갖기 위해서는 출산 직후부터 밀접하게 접촉하는 것이 필요하기 때문이다. 만약 출산 직후 아빠가 아기에게 사랑을 느끼지 못한다면 엄마라도 아기에게 사랑을 주도록 최대한 노력해야 한다.

엄마도 산후우울증으로 아기에게 애착을 못 느끼는 경우가 있다. 이를 막기 위해서 산모 자신의 느낌을 의사에게 이야기하고 도움을 청하는 노력이 필요하다. 특히 남편에게 산모 자신과 갓 태어난 아기에 대해 자신의 감정을 자유롭게 말해야 한다. 산모는 신생아와 자신의 관계에 대한 확신이 있어야 감정적으로 안정될 수 있기 때문이다.

부모가 아기를 많이 안아주고 관심을 가져야 아기의 버릇을 좋게 만들 수 있다. 초기 단계에는 단순한 것을 지키는 것이 가장 중요하다. 또 아기가 흥미 있어 하지도 않는 장난감에 돈을 소비하지 말아야 한다.

이 시기에는 두세 가지 정도면 충분하다. 함께 집 주위를 돌면서 아기에게 다양한 것을 보여주고, 세상을 편안하게 볼 수 있도록 든든하게 안아주는 것이다. 그리고 아기가 집중해서 볼 수 있게 아기 침대 위에 모빌을 걸어준다. 아기 얼굴에서 20cm 떨어진 곳이 좋다. 판지에 커다란 얼굴을 화려하게 그리고, 이를 아기가 볼 수 있는 곳에 걸어두는 것도 좋다. 아기들은 얼굴을 좋아하기 때문이다. 아기들이 이것을 느끼면 고개를 돌릴 것이다.

첫째, 아기를 부모의 배 위에 올려놓는다.
하루에 1.5시간 정도, 또 식사 후 5분에서 10분 정도 아기를 엄마의 배 위에 올려놓는다. 만약 아기가 고개를 쉽게 돌릴 수 있으면 더 볼 수 있다. 이때 아기가 숨을 고르게 쉬고 있는지 항상 주의해야 한다. 단, 아기를 배 위에서 밤새 재우는 것은 바람직하지 않다.

둘째, 가능한 한 많은 시간을 상호작용한다.
아기가 무슨 생각을 하고 있는지 아는 부모라면 아기가 무엇을 바라는지 먼저 생각하고 예측할 수 있다. 이런 확인이 아기를 편안하게 해준다. 흘김, 울음소리, 손의 움직임으로 아기가 주는 신호를 관찰하는 것도 중요하다. 아기가 원하는 메시지에 대해 즉각적으로 반응하는 것도 필요하다. 아기와 함께한 시간이 많을수록 아기의 신호에 잘 반응할 수 있을 것이다.

<u>셋째, 아기를 많이 사랑하고 접촉한다.</u>
신생아는 많은 사랑과 접촉을 필요로 한다. 또 부모는 아기에게 사랑을 보여줄 뿐만 아니라 친절해야 한다. 아기가 웃고 사랑스러운 모습을 보일 때뿐 아니라 언제나 일관성을 가지고 아기를 다정하게 대해야 한다.

0~3개월 오감육아 포인트

시각과 청각 등 감각 발달과 피부 마사지를 통한 뇌 발달이 중요한 시기로, 엄마와의 활발한 교류가 필요하다. 기저귀를 갈아줄 때나 수유를 할 때 엄마는 온화한 표정으로 자주 말을 걸고 아기의 옹알이에 응해야 한다. 아기의 울음이나 웃음에 귀 기울였다가 즉시 반응해주는 것도 필요하다.

소리가 나는 모빌로 시각이나 청각 발달을 촉진하고, 굵은 선과 원색으로 만들어진 그림책, 소리 나는 딸랑이 등으로 교육적인 토대를 만들 필요도 있다. 손을 활용한 운동도 필요한데, 생후 2개월이 지나면 딸랑이를 쥐고 흔드는 운동을 하도록 유도하는 것이 좋다.

아기는 태어날 때부터 부모를 인식한다. 그러므로 부모의 얼굴을 만지게 하거나 적절하게 밝은 사물을 눈에 가까이 가져가는 등 여러 동작을 통해 아기가 탐구심을 가지도록 자극을 주어야 한다. 아기는 볼 수 있고 만질 수도 있다. 즉 아기는 느낌으로 배운다.

〈0~3개월 아기의 발달 과정〉

운동 발달(M)
- 체중을 지탱하고 설 만큼 다리가 튼튼하지 않다.
- 딸랑이를 몇 초 정도 쥘 수 있지만 동시에 쳐다볼 수는 없다.
- 머리를 몇 초 정도 들 수 있으며, 엎어놓으면 상체를 가슴 위까지 들 수 있다.
- 양팔을 동시에 대칭으로 움직일 수 있으며 동작이 전반적으로 부드러워진다.

인지 발달(C)
- 서서히 시각이 발달하기 시작해서 주위 사람들을 눈으로 좇기 시작하며, 머리를 살짝살짝 움직일 수 있다.
- 우유를 주면 욕구를 드러낸다.
- 손을 꼼지락거리면서 놀고 손바닥을 마주하거나 살짝 손뼉 치듯이 부딪치기도 한다.
- 수유를 준비하는 소리가 들리면 입맛을 다신다.

─딸랑거리는 소리를 듣고 울음을 멈춘다.

언어 발달(L)
─소리, 특히 부모의 목소리에 주목한다.
─옹알이(특히 모음 소리)를 한다.
─감정 상태에 따라 다른 울음소리를 내거나 끽끽거린다.

1. 운동 발달을 위한 놀이

첫째, 대근육 발달을 위해 엎드려 키운다.

생후 1개월에는 몇 초 동안이나마 얼굴을 바닥에서 들어 올릴 수 있다. 바닥에 방석을 놓고, 방석이 아기의 가슴이나 배 아래까지 닿도록 하여 아기를 엎어놓는다. 아기는 머리를 2~3초 동안 수평에서 30도 가까이 들어 올린다. 엎드리는 연습을 하면 전정 기능이 촉진되고 목을 빨리 가눌 수 있다.

둘째, 반사를 이용하자.

아기는 반사적으로 잡으려 하고 걸으려고 한다. 아기의 손바닥에 부모의 새끼손가락을 갖다 대보자. 아기가 부모의 손가락을 잡으면 아기의 양팔을 천천히 뻗게 해주자. 아기를 안아 올려 발바닥이 침대에 닿도록 해보자. 그러면 아기는 두 다리에 힘을 주어 버틴 다음, 좌우 다리를 번갈아 들어 올리며 제자리걸음을 할 것이다.

2. 인지 발달을 위한 놀이

<u>첫째, 시각 발달을 위해 모빌을 이용하자.</u>

검은색이나 붉은색의 도형이나 사선이 그려진 모빌을 침대 위 20cm 정도의 높이에 달아준다. 아기의 눈앞으로 모빌을 가까이 가져간다. 천천히 오른쪽 귀로, 이어서 왼쪽 귀로 움직인다. 음악 소리가 나는 모빌이 좋지만 음악 소리는 10분 이상 지속하지 않도록 한다.

<u>둘째, 시각 발달을 위한 놀이를 한다.</u>

부모가 말을 걸면서 20cm 거리에서 아기와 눈을 맞추자. 또한 장난감을 아기의 눈앞에서 움직여보자. 형태보다는 움직임에 더 민감한 시기이므로, 장난감을 눈앞에서 이동해주면 좋아한다. 1.5~3개월이 되면 머리를 좌우로 움직일 수 있다. 손전등의 렌즈 부분을 붉은 천으로 감싼 다음 20cm 앞에서 손전등을 비추고 좌우 바깥쪽으로 천천히 움직인다. 수평 방향뿐 아니라 수직 방향으로도 이동시키자.

<u>셋째, 딸랑이를 이용한다.</u>

혀나 입술을 통해 물건의 형태를 인지하는 시기이므로 딸랑이 등 다양한 것을 빨게 하자. 딸랑이를 쥐고 있는 손을 흔들어주어 소리를 내게 하자. 딸랑이를 놓치게 한 다음 다시 쥐게 하는 것도 좋다. 청각 패턴 인식을 높이고 눈과 손의 협응을 자극한다.

3. 언어 발달을 위한 놀이

<u>첫째, 다양한 소리를 들려준다.</u>
아기에게 여러 소리를 들려준다. 아기는 사람 소리나 전화 소리, 초인종 소리 듣기를 좋아한다. 부모가 들려주는 자장가, 타악기를 이용한 동요, 20~25cm 거리에서 종 흔들기를 통해 청각을 자극하자.

<u>둘째, 자장가로 아기를 재운다.</u>
부모가 자장가를 불러주면 애착 형성에 도움이 될 뿐 아니라 청각 패턴 인식을 발달시킨다. 언어 발달에도 도움이 된다.

4~6개월 오감육아 포인트

애착 형성은 아이의 정서 발달에 큰 영향을 미친다. 때문에 부모는 아기와 눈을 맞추고 이야기하는 시간이 무엇보다 필요하다. 손놀림이 많이 발달하는 때이므로 4개월쯤 되면 아기 손이 닿는 곳에 장난감을 놓아 손을 뻗는 훈련을 시키는 것이 좋고, 손바닥 그림책도 좋은 교육 재료가 된다. 그렇다고 아기 침대 주변에 너무 많은 장난감을 놓으면 싫증을 내기 쉽다. 아기 침대나 유모차에 아기가 잡을 수 있게 2~3개의 장난감을 놓는다. 아기는 이것을 두드리거나, 흔들리는 것을 볼 수 있으며, 손과 눈의 협응을 자극할 수 있다.

〈4~6개월 아기의 발달 과정〉

운동 발달(M)
- 팔을 의도적으로 놀리기 시작한다.
- 엎어놓았을 때 머리와 가슴을 더 높이 들 수 있고, 팔을 뻗어 손바닥으로 체중을 지탱하고 버틸 수 있다.
- 손을 잡아주면 팔 힘으로 자기 몸을 끌어당겨 일어나 앉을 수 있고, 누워 있을 때 머리를 들 수 있다.
- 누워 있을 때 발로 장난을 치기 시작하며, 도움을 받아 똑바로 앉을 수 있다.
- 발을 번갈아 가며 찰 수 있고, 도움을 받아 발로 체중을 지탱하고 설 수 있다.
- 도움을 받아 위아래로 출렁거리거나 옆으로 몸을 뒤집을 수 있다.

인지 발달(C)
- 장난감을 감추면 잊어버린다.
- 장난감이 가까이에 있으면 보고, 두 손으로 장난감을 잡거나 가끔 한 손으로 잡기도 한다.
- 시각이 좀 더 발달해서 방 안에 있는 사람을 식별할 수 있다.
- 손 전체를 잡는 데 사용할 수 있다.
- 장난감을 손에서 손으로 옮길 수 있고, 떨어지는 모습을 주시한다.

언어 발달(L)
- 소리를 듣고 소리의 위치를 안다.
- 키우는 사람의 감정이 실린 높은 음과 언어를 이해하기 시작한다.

- 행동으로 의사를 전달한다.
- 소리, 두 음절 소리와 약간의 자음을 흉내 낸다.

1. 운동 발달을 위한 놀이

첫째, 뒤집기와 기는 것을 시키자.
머리를 가누고 자세도 바꿀 수 있으므로 뒤집기가 자연스럽게 된다. 아기가 엎드리면 다음 단계로 기어가는 것을 할 수 있다.

둘째, 평형 감각을 키워주자.
아기를 바로 세워 어깨에 걸쳐 안기, 부모 배에 등을 대고 앞으로 안아주기, 아기가 바닥을 내려다볼 수 있도록 엎드려서 안아주기 등 다양한 자세로 평형 감각을 기르게 하자.

2. 인지 발달을 위한 놀이

첫째, 잡기 좋은 장난감을 달아주자.
아기는 생후 4개월이 지나면 침대 위의 모빌에 손을 뻗기 시작한다. 이런 반응을 보이면 아기가 잡기 좋은 장난감을 머리 위에 달아주는 것이 좋다.

둘째, 거울로 자기의 모습을 보게 하자.

아기가 자신의 모습을 볼 수 있도록, 침대 위에 약 20cm 떨어진 거리에 안전 거울을 달아주자. 그러면 아기는 자신의 여러 가지 표정을 알게 된다.

셋째, 색채 자극을 적극적으로 하자.

아기는 4개월쯤 색을 구별할 수 있다. 특히 빨강, 노랑, 파랑 등 삼원색을 통해 색채 자극을 주는 것이 효과적이다.

3. 언어 발달을 위한 놀이

첫째, 음악을 이용하자.

아기를 안고 음악에 맞추어 춤을 추자. 또 아기가 소리를 내면 꼭 안아주거나 뽀뽀를 하는 등 칭찬하면서 좀 더 소리를 낼 수 있게 한다. 리듬밖에 모르던 아기도 4개월이 되면 차츰 멜로디를 이해할 줄 알게 된다. 이 시기부터 클래식 음악을 들려주면 청각을 발달시키고, 뇌 발달과 정서적인 안정을 줄 수 있다.

둘째, 워킹메모리를 키우자.

아기 앞에서 부모가 보자기를 들고 양옆으로 움직여 부모의 얼굴을 보였다 감췄다 하면, 처음에는 보자기만 주시할 뿐 부모의 얼굴에 그

다지 관심이 없다. 하지만 여러 차례 반복하다 보면 아기도 저절로 깨닫고, 어느 순간부터 아기가 보자기를 치우고 부모의 얼굴을 발견하고 기뻐한다. 워킹메모리가 생기기 시작하는 것이다.

7~9개월 오감육아 포인트

눈앞에 있는 물건이 없어져도 어디에 있을 것이라고 찾기 시작하는 대상영속성의 개념이 발달하고 원인과 결과의 연결이 발달하는 시기이므로, 까꿍 놀이나 한 가지 행동을 반복하는 행위 등을 촉진할 필요가 있다.

〈7~9개월 아기의 발달 과정〉

운동 발달(M)
- 뒤집기가 능숙해지고 꿈틀거리거나 기기 시작한다.
- 앉은 자세에서 몸을 앞으로 숙여 장난감을 주울 수 있다.
- 손을 잡아주면 한 걸음씩 발을 떼며 걸으려는 시도를 한다.
- 손을 잡아주면 팔 힘으로 몸을 일으켜 세울 수 있다. 하지만 다시 몸을 낮추지는 못하며, 보통은 손을 놓고 바닥으로 넘어져버린다.
- 도움 없이 앉을 수 있다.

인지 발달(C)
- 이름을 구별할 수 있다.
- 엄지와 검지로 물건을 집는 동작에 익숙해지기 시작한다.
- 책이나 그림을 가리키기 시작한다.
- 아직도 사물을 입으로 가져가서 모양을 파악하려고 시도한다.
- 고의로 장난감을 떨어뜨리지만 내려놓지는 못한다.
- 움직이는 장난감의 동작을 기억하고, 움직이기 전에 먼저 웃기도 한다.
- 목욕 중에 일부러 물을 첨벙거린다.

언어 발달(L)
- 혼자서 '맘맘맘' 같은 음절을 반복하면서 웅얼거린다.
- 간단한 소리를 흉내 낸다.
- 주의를 끌기 위해 소리를 지르고 반응을 기다리는 과정을 반복한다.
- '안녕'과 '안 돼'의 의미를 알아차리기 시작한다.
- 소리를 이용해 소통하는 방법을 배우기 시작한다.

1. 운동 발달을 위한 놀이

첫째, 앉기와 기기를 연습시키자.

혼자 앉을 수 있게 되면 아기의 시야는 획기적으로 넓어진다. 누워 있거나 엎드려 있을 때는 제한된 공간, 즉 2차원 세계밖에 모르지만, 앉게 되면 높이와 거리가 있는 3차원의 세계가 눈앞에 펼쳐지는 것이다. 아기가 처음으로 기어가기를 시작할 때는 아기의 팔 힘이 너무 세서 뒤로 밀려나는가 하면 같은 장소를 빙빙 돌기도 한다. 이럴 때는 발바닥을 손바닥으로 만지거나 밀어줌으로써, 아기가 똑바로 앞을 향해 나아갈 수 있도록 거들어주자.

<u>둘째, 장애물을 이용하자.</u>
이불과 방석, 베개를 바닥에 쌓아놓는다. 아이가 기어 올라갈 것이다. "영차, 영차" 하고 힘을 북돋아주라. 부모가 바닥에 무릎과 팔을 대고 엎드려 아치를 만들고, 아기가 그 아래를 지나가게 한다. 아기가 지나갈 때 무릎과 팔을 잡아보라. 아기가 웃으면서 빠져나가려고 안간힘을 쓰는 가운데 자연스럽게 운동이 된다. 반복 행동을 자극할 필요가 있다.

2. 인지 발달을 위한 놀이

<u>첫째, 컵을 이용하자.</u>
컵의 손잡이가 가까이 오도록 놓고 손으로 컵을 붙잡게 한다. 컵으로 마시게 한다. 컵에 숟가락, 젓가락, 볼펜 등을 꽂은 후 흔들어주고, 아기도 컵을 흔들어보게 하라.

<u>둘째, 양손을 사용하게 하자.</u>
양손에 딸랑이나 블록을 쥐고 자연스럽게 마주치게 한다. 아기는 소리가 신기해서 반복적으로 장난감을 잡아 마주칠 것이다.

셋째, 털실을 줍게 하자.

빠르면 9개월부터 엄지와 검지를 핀셋머리 모양으로 만들어 작은 물건을 집을 수 있다. 털실처럼 아주 작은 것을 집어 올리려면, 정확한 거리감과 입체감으로 손가락을 움직여야 한다.

넷째, 흉내 내기 놀이를 하자.

생후 7개월에는 주변의 친숙한 사람, 특히 부모의 특징적인 동작을 따라 하기 시작한다. 부모가 '바이바이' 하고 손을 흔들면 따라서 손을 흔든다. 눈으로 부모의 손동작을 보고 그 특징을 기억한 다음, 같은 동작을 재연하는 워킹메모리가 발달하는 시기다. 아기와 마주 보고 재미있는 표정을 지어보자. 과장된 표정을 반복적으로 보여주면 아기도 따라 한다.

다섯째, 거울을 이용하자.

거울을 보면 아기는 거울 속의 아기에게 옹알거리며 말을 걸 것이다. 그리고 부모는 거울 속의 아기와 까꿍 놀이를 할 수 있다. 아기는 부모를 보면서 자신이 바라보는 사람이 누구인지 인식하기 시작한다. 이것이 자신에 대한 자각의 시작이다. 거울 놀이는 자신에 대한 긍정적인 자아감을 키워준다.

3. 언어 발달을 위한 놀이

<u>첫째, 소리를 만들자.</u>
아이가 사물을 서로 부딪쳐 소리를 낼 수 있다는 것을 알게 되면 딸랑이, 플라스틱 통, 나무 블록 등을 앞에 놓아주고 손바닥이나 딸랑이 등으로 두드려 소리를 내도록 해서 청각적 패턴 인식을 키워주자.

<u>둘째, 장난감 숨기고 찾기 놀이를 하자.</u>
아기의 눈앞에서 손수건으로 장난감을 덮은 다음 "어디에 숨었는지 찾아볼까?"라고 말하면서 손수건을 들추는 놀이를 반복하자. 아기는 수건 밑의 장난감을 찾으면서 눈에 보이지 않아도 대상이 존재한다는 사실을 알게 된다.

10~12개월 오감육아 포인트

언어 발달이 중요한 시기이므로 엄마가 다양한 어휘를 사용해서 이야기해주고 아이의 말에 응해줄 필요가 있다.

〈10~12개월 아기의 발달 과정〉

운동 발달(M)
- 계단을 기어오를 수 있다.
- 누운 자세에서 혼자 쉽게 일어나 앉을 수 있다.
- 가구나 벽을 잡고 옆으로 걸을 수 있다.
- 도움 없이 서 있을 수 있고, 팔로 잡고 서고 앉는 것이 자유롭다.
- 기는 것이 능숙해지고, 손과 무릎으로 몸을 지탱하고 기어 다닐 수 있다.
- 손을 잡아주면 걸을 수 있고, 앉아 있을 수 있는 시간이 늘어난다. 빠른 경우 혼자 한두 발짝 걸음을 뗄 수도 있다.

인지 발달(C)
- 의도적으로 장난감을 던진다.
- 장난감 두 개를 부딪쳐 '쿵' 하는 소리 내기를 좋아한다.
- 엄지와 검지를 사용해 물건을 집는 것에 익숙해진다.
- 빗, 칫솔과 같이 익숙한 물건들의 사용법을 알기 시작한다.
- 물건을 손가락으로 가리킨다. 통에 물건들을 넣고 뺄 수 있다.
- 오른손이든 왼손이든 주로 사용하는 손이 정해지기 시작한다.

언어 발달(L)
- '컵'이나 '밥'처럼 매일 듣는 간단하고 명료한 단어들을 이해할 수 있다.
- 자기 이름을 잘 알고 있다.
- 다른 사람이 말하는 간단한 단어 몇 가지를 따라 할 수 있다.
- 말하는 톤으로 웅얼거린다.
- 간단한 명령을 알아듣는다.
- 대부분의 자음을 발음할 수 있다.

1. 운동 발달을 위한 놀이

생후 10개월 아기는 침대의 난간이나 의자 등을 잡고 혼자 힘으로 서게 된다. 서서히 걸음마를 준비하는 단계다. 하지만 걸음마는 다리나 허리의 근육만으로 불가능하고 평형 감각이 있어야 하는데, 신체 운동으로 이를 키울 수 있다. 평형 감각이 있어야 입체감과 거리감을 조절하며 비로소 걸음마에 성공할 수 있다.

2. 인지 발달을 위한 놀이

첫째, 소근육운동 발달을 자극하자.

이 시기의 아기는 물건을 구멍 안에 집어넣기를 좋아한다. 작은 송이 상자 윗면에 블록이나 장난감이 들어갈 만한 크기로 구멍을 뚫는다. 부모가 장난감을 구멍 안에 집어넣는 모습을 아기에게 보여주고 아기가 따라 하게 한다.

신문지 여러 장을 묶어 부모가 먼저 한 장을 뜯으며 시범을 보인 다음, 아기가 한 장씩 뜯어내거나 찢어보게 하자. 아기의 팔과 어깨, 상체 근육이 발달한다. 아이스크림 컵이나 요구르트 컵을 여러 개 겹쳐서 주면 아기는 컵의 안쪽 귀퉁이를 잡고 하나씩 떼어내거나 다시 넣기도 한다.

크고 작은 냄비를 가지고 놀게 하는 것도 좋다. 아기는 냄비 뚜껑을 열었다 닫았다 하며 제 짝을 찾으려 한다. 정확히 짝을 찾으면 박수를 치고 격려하라.

둘째, 공놀이로 거리를 파악하게 하라.
공을 던지고 그것을 눈으로 좇는 공놀이는 물건을 보는 능력과 손놀림을 능숙하게 하는 데 도움이 된다. 낙하 지점을 예측하면서 손으로 잘 던질 수 있도록 연습하게 한다. 굴리고 통통 튀기면서 재미있게 공놀이를 하자.

셋째, 부모가 하는 동작을 따라 하게 하자.
아기는 간단한 말을 알아듣고 부모의 행동을 따라 할 수 있다. 손이나 목을 움직이는 곤지곤지, 잼잼, 도리도리 등의 동작을 가르쳐준다.

넷째, 숨바꼭질 놀이를 하자.
아기가 걸을 수 있게 되면 문이나 커튼 등을 활용해서 부모 모습을 찾게 하는 숨바꼭질 놀이를 한다.

3. 언어 발달을 위한 놀이

숨을 강하게 내쉬어서 소리를 내는 장난감은 언어 발달에 도움을 준다. 부모가 장난감 악기 부는 것을 시범 보이고 아기에게 불게 한다.

13~18개월 오감육아 포인트

 그림책과 단어의 연결이 서서히 이루어지고, 시간이 지나면 줄거리 파악이 가능하므로 사물 그림책과 생활 그림책이 모두 도움이 된다. 눈과 손의 협응이 증가하고 양손을 자유롭게 움직일 수 있으므로 소근육운동을 촉진하는 장난감 및 밀거나 끌고 다닐 수 있는 장난감도 필요하다. 무엇이든지 움켜쥐고, 던지고, 비틀고, 질질 끌고, 맛보고, 시험해보는 시기이므로 안전사고 예방에 힘써야 한다.

〈13~18개월 아기의 발달 과정〉

운동 발달(M)
- 걸음마 도중 자주 넘어진다.
- 계단을 비교적 쉽게 올라갈 수 있고, 내려오는 것도 익히기 시작한다.
- 무릎을 꿇고 앉거나 무릎을 바닥에 대고 설 수 있다.
- 앉은 자세에서 도움 없이 일어설 수 있다.
- 쿵 하고 몸을 던지듯이 주저앉을 수 있다.
- 13개월에는 균형을 잡기 위해 팔을 사용하면서 기우뚱하는 걸음걸이로 혼자 걸을 수 있다.
- 18개월에는 팔로 균형 잡지 않고 익숙하게 걸을 수 있다.
- 앞에 장애물이 없으면 달릴 수 있다.
- 덩치 큰 장난감이나 물건을 다룰 수 있다.

- 혼자서 등을 보인 채로 계단을 내려오거나 엉덩방아를 찧으면서 내려올 수 있다.
- 어른의 손을 잡고 계단을 오르내릴 수 있다.
- 놀면서 앉았다 일어서는 동작을 반복한다.

인지 발달(C)
- 일어서서 창밖에서 움직이는 모습을 보기 좋아한다.
- 15개월에는 블록을 두 개까지 쌓을 수 있다.
- 엄지와 검지를 사용하여 작은 물건을 정교하게 집을 수 있다.
- 두 손으로 연필이나 크레용을 사용한다. 선을 한쪽 방향으로만 긋는다.
- 원하는 것을 얻기 위해 의도적으로 소리를 지른다.
- 원하는 것이 있으면 손가락으로 가리킨다.
- 앞뒤로 선을 긋거나 점을 찍는 것이 가능하다.
- 18개월이 되면 블록을 세 개까지 쌓을 수 있다.
- 손 전체를 사용해서 연필 중간 아랫부분을 잡거나, 엄지와 손가락을 사용해서 잡으려고 시도한다.
- 그리기를 할 때 양손을 다 사용하는 편이지만 선호하는 손이 정해지기 시작한다.
- 가끔 양손에 연필을 하나씩 쥐고 그리기도 한다.
- 아주 작은 물체를 인식하기 시작하며, 엄지와 검지를 이용해서 정교한 핀셋 집기로 물건을 집어 올릴 수 있다.

언어 발달(L)
- 13개월에는 두세 개의 단어를 말할 수 있다.
- 대화를 하려는 것처럼 소리를 내지만 대부분 알아들을 수 없다.
- 꽤 많은 단어를 알아듣는다. "컵 주세요" 같은 말을 듣고 따를 수 있다.
- 이름을 말하면 그 사람이나 장난감을 손가락으로 가리킬 수 있다.
- 더 많은 단어를 알아들을 수 있다.
- 혼자서 놀 때 점점 수다스러워지며, 마지막으로 들은 단어나 문장을 메아리처럼 따라 한다.

- 자기에게 말하면 반응한다. 18개월이 되면 약 6~20단어 정도를 사용하며, 말하기 실력도 나아진다.
- 신체 부위를 인식하고 가리킬 수 있다. 장난감이나 친숙한 물건을 달라고 하면 건네준다.
- 원하는 물건이 있을 때 한 단어를 사용해 말하고 손가락으로 가리키거나 소리를 빽 지른다.
- "저기 옷을 가져오세요" 같은 간단한 요구를 따른다.
- 유아용 동요를 듣고 따라 하기를 즐긴다.
- '안 돼'가 무슨 뜻인지 정확히 안다.

1. 운동 발달을 위한 놀이

첫째, 정교한 대근육운동을 발달시키자.

한 계단 높은 곳에 아이를 세운 뒤 부모가 아이를 향해 양팔을 벌리고, 아이한테 뛰어서 품에 안겨보게 한다. 부드럽게 안아주고 아이의 시도를 칭찬해준다. 폭신한 이불을 깔고 아이와 함께 누워 몸을 조금씩 굴리며 자유롭게 이동해본다. 부모가 먼저 몸을 굴려 이동하면서 자연스럽게 굴러보도록 격려한다.

둘째, 균형 감각을 발달시키자.

계단을 오르는 것은 평평한 바닥을 걷는 것과 달라서, 한쪽 다리만으로 균형을 잡을 수 있어야 한다. 계단 오르기를 시키기 전에 먼저 그 훈련부터 시켜야 한다. 계단 오르내리기에 필요한 균형 감각을 익히는 데는 공차기 놀이가 좋다. 부모가 공을 아이 쪽으로 차주면 아이도 부모를 따라 발로 찬다. 처음에는 균형을 잃고 엉덩방아를 찧기도 하지만 연습을 하면 차츰 잘하게 된다. 그렇게 되면 아이는 능숙하게 계단을 오르내릴 수 있게 될 것이다.

셋째, 걸음마를 연습시키자.
아이가 아장아장 걸음마를 시작하면 아이의 손을 잡고 걸음마를 연습시킨다. 이때 부모의 발 위에 아이 발을 올린 후 손을 잡고 춤을 추듯 사뿐사뿐 함께 걸어본다. 발도 손과 마찬가지로 뇌와 연결된 반사 부위이므로 뇌 발달을 촉진한다.

2. 인지 발달을 위한 놀이

첫째, 공을 이용한 놀이를 하자.
공을 굴리고 튀기고 던지고 잡는 모든 활동은 눈과 손의 협응을 길러준다. 놀이터에서 공을 던지면서 놀거나, 실내에서 천천히 앞뒤로 굴리면서 공놀이를 할 수도 있다. 다양한 공놀이로 신체 조절 능력을 키운다.

둘째, 나무 블록을 쌓게 하자.
나무 블록 쌓기는 소뇌, 대뇌피질, 시각중추, 전정기관 등이 복합적으로 연결되는 고도의 기능으로, 섬세하게 손을 놀리지 않으면 불가능하다. 기울기를 눈으로 체크하고, 이것을 다시 손가락 감각으로 확인하면서 바로 세워야 한다. 아이는 블록을 갖고 놀면서 구조물을 짓고 바로 무너뜨려버린다. 그리고 다시 쌓는다. 24개월이 되면 6개까지 쌓을 수 있다.

셋째, 소근육운동을 발달시키자.

고리에 양파링을 하나씩 끼워보게 하라. 양파링을 끼우는 동안 이 놀이에 집중하는 아이를 보게 될 것이다. 부모가 숟가락을 들고 아이에게 양파링을 끼우게 해도 좋다.

숟가락으로 밥을 먹게 하려면, 밥 먹는 중간에 숟가락을 주지 말고, 밥을 먹기 시작할 때부터 아이의 손에 숟가락을 쥐여주자. 또 부모가 숟가락으로 먹는 시범을 보이는 것도 좋다. 아이가 따라 할 수 있도록 두세 번 반복해서 보여준 후 아이에게 숟가락을 쥐여준다.

집게로 쌀, 콩, 잘게 썬 오이, 손수건 등을 집어보게 하고, 집고 있으면 부모가 잡아당겨 버티기 놀이를 해보라. 소근육을 발달시키고 집중력을 키워주는 효과가 있다.

넷째, 마음껏 그리게 하자.

아이는 자신만의 방식으로 보고 느끼는데, 이것이 창의성의 원천이다. 아이가 그린 그림을 보고 무엇을 그렸는지 모르겠다면서 실망한 투로 말하면 안 된다. 대신 "무슨 그림을 그렸어?"라고 물어보는 것이 좋다. 부모가 긍정적인 방식으로 반응해준다면 아이는 자신감을 얻고 즐겁게 새로운 그림을 그릴 것이다.

다섯째, 색깔을 구분하고 분류하게 하자.
색깔 구분이 가능하므로 빨강, 파랑, 노랑 그림 퍼즐을 맞추게 한다. 색을 구분하고 분류할 수 있게 해서 시각 패턴 인식을 키우자.

3. 언어 발달을 위한 놀이

얼굴 각 부분과 이름을 짝지어 익히게 하자. 아이와 마주 보고 앉아 몸에 있는 각 부분의 이름을 말해주고, 어디 있는지 찾아본다. 예를 들면 눈, 코, 입, 배꼽 등은 아이들이 관심이 많은 신체 부위이므로 여기부터 시작한다.

19~24개월 오감육아 포인트

이 시기가 되면 아이는 걷고, 달리고, 오르고, 이야기를 상상하고, 사람들이 해주는 이야기를 이해하고, 사물을 구별할 뿐만 아니라 이름을 기억하기도 한다. 대소변을 가리고, 엄마가 하는 말을 이해할 수도 있다. 따라서 놀이터에서 놀게 해서 신체 발달을 꾀하고, 줄거리가 있는 그림책을 많이 읽어줄 필요가 있다. 또 혼자 할 수 있는 일을 하게 하는 것도 필요하다. 밥도 혼자 먹을 줄 안다. 줄거리가 있는 그림책을 좋아하는 때이므로 생활 그림책이 도움이 되며, 운율이 있는 시를 읽어주는 것도 효과적이다.

〈19~24개월 아기의 발달 과정〉

운동 발달(M)
- 바퀴가 달린 덩치 큰 장난감이나 물건을 다룰 수 있다.
- 줄이 달린 장난감을 질질 끌고 다니길 좋아한다.
- 달리기가 익숙해지며, 장애물 주위를 돌아서 갈 수 있다.
- 가구나 물건을 이용해서 높은 곳에 기어 올라갈 수 있고, 혼자서 내려오기도 한다.
- 손을 사용하지 않고 앉았다 일어섰다 할 수 있고, 장난으로 이 동작을 하기도 한다.
- 공을 차려고 시도한다. 하지만 그냥 걷는 걸음으로 공을 건드리는 정도다.
- 난간을 잡고 계단을 오르내릴 수 있다. 두 발이 같은 칸에 착지가 되어야 다음 칸으로 옮겨 갈 수 있다.
- 앉아서 발로 땅을 차는 탈것들을 좋아한다. 아직 자전거 페달은 돌릴 수 없다.

인지 발달(C)
- 공간지각력이 좋아진다.
- 머리 위로 손을 올려 공을 던지기 시작한다.

- 작은 물건을 사용하는 데 익숙해지고, 물건을 살살 내려놓을 수 있다.
- 책을 읽을 때 페이지를 살살 넘길 수 있고, 책 안의 그림 중 미세한 부분까지 알아차릴 수 있다.
- 블록을 6개까지 쌓을 수 있다.
- 사진에 아는 사람이 나오면 알아볼 수 있다.
- 연필 아랫부분을 잡고 사용할 수 있고, 손 전체가 아니라 세 손가락만 사용해서 잡는 것이 가능해진다.
- 선을 앞뒤로 긋기, 점 찍기가 익숙해지고, 동그라미를 그릴 수 있다. 선을 따라 그릴 수 있으며 꺾인 선을 그리기도 한다.

언어 발달(L)
- 누가 자기에게 말하면 귀를 기울인다.
- 익숙한 물건의 이름을 말할 수 있다.
- 복잡한 문장을 듣고 간단한 요구를 수행할 수 있다. 예를 들면 "가서 밖에 누가 있는지 볼래?" 같은 말이다.
- 자기 이름을 말할 수 있다.
- 종종 자신과 대화한다. 어른들은 이해하기 힘들다.
- 거의 매번 다른 사람의 말끝을 메아리처럼 따라 한다. 더 많은 신체 부위를 인식하고 가리킬 수 있다. "저건 뭐예요?"라는 질문을 입에 달고 산다.
- 50단어 정도를 말할 수 있고, 더 많은 단어를 알아들을 수 있다.
- 두세 단어를 묶어서 인지할 수 있다.
- 동요 부르기를 좋아한다.

1. 운동 발달을 위한 놀이

첫째, 정교한 대근육운동을 발달시키자.

바닥에 선을 긋고 선을 따라 걷도록 유도한다. 혼자 계단 오르내리기도 중요하다. 처음에는 낮은 언덕을 혼자서 오르게 한다. 다음으로 언덕 주변에 낮은 계단이 있으면 올라가게 해본다. 아이가 잘 내려오지 못하면 아이의 손을 잡고 점차 빠르게 내려오다가, 아이 혼자 내려올 수 있으면 아래쪽에서 맞이하여 안아주고 칭찬해준다.

둘째, 몸의 균형을 길러주자.
부모와 아이가 스카프의 양쪽을 잡고 선 후 스카프 위에 공을 올리고 목표물을 돌아서 제자리에 오는 놀이를 해보자. 도중에 공을 떨어뜨리면 그 자리에 멈춰서 공을 올리고 다시 계속한다. 릴레이 게임도 좋다. 처음에는 나지막한 종이 상자 안에 들어가게 한 후 미끄럼을 태워주다가, 차츰 두려움이 없어지면 종이 상자 없이 미끄럼을 태운다.

2. 인지 발달을 위한 놀이

첫째, 블록 등으로 도형 맞추기를 하게 하자.
아이들은 블록을 갖고 놀면서 읽기와 수학에 필요한 기술을 익힌다. 모양과 크기를 통해 조화와 선택, 결정을 배운다. 또한 변화가 필요하다는 것을 깨달으며, 적응과 융통성이 필요하다는 점도 배운다. 새로운 모양으로 조각을 맞출 때 창의력이 길러진다. 다양한 형태의 도형을 분류, 선택하면서 크기와의 연관성을 이해하고, 색깔 블록 놀이로 색상을 구별할 수 있다.

둘째, 도구를 사용하게 하자.

긴 막대기를 활용하면 도구를 이용하는 사고력과 공간지각력 등 아이의 뇌에 좋은 자극을 줄 수 있다. 먼저 아이의 가슴 높이 정도 되는 탁자 위에, 그리고 아이의 손이 닿지 않을 만한 위치에 흥미로운 장난감을 올려둔다. 그런 다음 그 옆에 긴 막대기 하나를 올려두도록 한다. 두 사물의 관계를 이용할 수 있다는 생각은 고도의 사고력이다. 처음에는 되는대로 건드려보지만, 아이는 차츰 어디를 건드리면 어떻게 움직이는지 알게 된다.

셋째, 붓으로 그림을 그리게 하자.

커다란 종이에 물감과 붓으로 자유롭게 그림을 그리게 한다. 빨강, 파랑, 노랑 등의 원색뿐 아니라 파스텔 색 물감으로 그림을 그리면서 색의 차이를 알게 한다.

넷째, 사물을 두드려 소리를 구별하게 하자.

나무 막대로 주변의 사물을 두드리며, 재질에 따라 다른 여러 가지 소리를 들려준다. 집 안에서 냄비, 엄마 화장품, 장난감 등 서로 다른 소리가 나는 여러 가지 사물을 두드리며 놀게 한다.

3. 언어 발달을 위한 놀이

<u>첫째, 전화 놀이를 하자.</u>
전화기는 아이의 호기심을 자극하는 장난감이다. "여보세요. 누구세요?" 하며 부모가 하는 말을 따라 해보게 하고, 점차 질문에 대답하도록 유도한다. 전화 놀이를 통한 청각 자극은 아이의 언어 발달에 도움이 되고, 부모의 목소리를 듣다 보면 음의 높낮이와 강약에 대해서 알 수 있다.

<u>둘째, 동물 소리를 흉내 내자.</u>
실제 동물을 보면서 이야기해보자. 예컨대 동물원에 갈 때 동물 그림책을 챙겨 가서 실제 동물과 비교하며 아이와 이야기해본다. 이때 동물이 내는 '음매음매', '끼룩끼룩' 등 의성어를 들려준 다음 표현해 보도록 유도하는 것도 좋은 방법이다. 아이에게 언어에 대한 이해와 집중력을 길러주고, 의성어와 의태어를 흉내 내며 언어적 표현력을 확장시킬 수 있다.

3장

25~48개월 창의력 오감육아

1. 자연은 창의력의 원천이다

25~48개월 아이의 뇌에는 전환기가 찾아온다. 좌뇌와 우뇌의 소통이 활발해지기 때문이다. 25~48개월 아이는 확실히 똑똑하다. 그들은 자신의 지각을 인식하고, 물체의 외양과 실체가 꼭 같을 이유가 없다는 것도 깨닫는다. 아이들은 외양과 실체의 구분을 좀 더 잘하게 된다. 따라서 어떤 사물이나 상황에서 여러 가지를 조합해서 새로운 것을 만들어내는 사고가 가능하다. 아이는 모양판이나 퍼즐뿐 아니라 자연의 구체물 등을 통해 패턴을 인식할 수 있다. 완성된 장난감도 좋지만 부품형이나 조립형의 장난감을 사주면 아이는 이것을 조합하면서 자연에서 인식한 패턴을 형상화할 수 있다.

상상과 현실의 구분도 가능해진다. 사물이나 사람이 때에 따라 성격이 달라질 수 있다는 것도 인정한다. 타인에게도 그들만의 생각이 있다는 사실을 깨닫게 되면, 완전히 자기중심주의에서 벗어나 다른 사람의 생각에 귀를 기울일 수 있게 되기 때문이다.

감정을 느끼려면 변연계피질이 기능을 해야 하는데 25~48개월에는 변연계의 상부 구조가 성숙하기 시작한다. 특히 감정을 조절하는 전전두피질이 이 시기에 발달하므로 감정 조절 교육이 필요하다.

25~48개월에는 사용하지 않는 뉴런이 줄어들기 시작한다. 이는 공간을 확보하기 위해서다. 아이 뇌의 정보 처리 속도는 매우 느리지만 에너지 소비만큼은 성인보다 높다. 주 에너지원인 포도당 소비가 급격하게 증가해서 48개월에는 성인 소모량의 2배에 달한다. 그 이후엔 사춘기가 될 때까지 점차 감소한다.

체험 교육이 중요하다

조기 교육의 아버지라고 불리는 칼 비테는 다른 아이보다 늦된 아들이 대학생이 되었을 때 경쟁에서 뒤지지 않게 하기 위하여 아기 때부터 교육을 시작했다. 청각을 발달시키기 위해 옆에서 자상한 목소리로 시를 읽어주고, 매번 다른 말투와 목소리를 흉내 내어 소리를 식별하는 능력을 키워주었다. 또한 각양각색의 장난감으로 시각과 관찰력을 길러주었다.

칼 비테는 아이가 할 수 있는 모든 놀이로 관찰력과 상상력, 감각과 기억력을 길러주었다. 이는 아들이 훗날 언어와 수학, 역사, 지리 등의 학문을 터득하는 데 크나큰 힘이 되었다.

　더불어 칼 비테가 중요시한 것이 있었는데, 일찍부터 자연을 접하게 한 것이다. 활동하기 편하도록 헐렁한 옷을 입히고, 햇볕이 따뜻하고 바람이 가볍게 부는 날에는 신선한 공기를 마음껏 마시도록 일부러 마당에서 재우기도 했다. 자연은 창의력과 면역력의 원천이다. 우리 몸에는 면역계가 있어서 바이러스나 병원균 같은 외부의 공격을 물리치면서 병을 이겨내고, 이런 과정을 통해 우리의 생명을 지켜나간다. 그런데 환경이 개선되고 의학이 발달하면서, 우리 몸이 이러한 침입자의 공격을 물리치는 자연적인 면역력이 점점 약해지고 있다.

　요즘 아이들은 예방 접종을 하지 않은 바이러스나 세균에 대해서는 면역력이 약해서 병에 걸리기 쉽고 오래 앓는 일도 많다. 면역력을 높이려면 자연친화적인 생활이 필요하다. 자연의 소리나 색은 스트레스 호르몬을 줄여주고 마음을 안정시킨다. 자연의 리듬을 따라 충분히 자고 적당한 운동을 하면 면역력이 높아진다. 자연에서 비롯되고 자연과 조화를 이루는 먹을거리, 야외 활동, 놀이 들은 두뇌 활동을 원활하게 해서 창의력을 높인다.

　창의력이 무엇보다 중요한 화두로 떠오르고 있는 요즘이다. 개인적인 특성을 무시한 채 전문적이지 못하고 획일화된 현재의 교육 실정에 대한 반성을 토대로 창의력에 대한 관심이 날로 높아지고 있다. 무슨 일을 하든지 창의력은 작업 과정 및 결과에 큰 영향을 미치며, 창의력이 발휘된 상태와 그렇지 못한 상태의 공부나 작업은 엄청나게 다르다는 사실이 잘 알려져 있다.

자연과의 교감이
아이의 상상력과 창의력을 키운다

아이의 뇌는 수많은 자극과 경험을 통해 풍부한 정서적 발달을 이룬다. 특히 25~48개월 때의 정신적, 신체적, 사회적 경험이 뇌 발달에 큰 영향을 미친다. 모든 경험을 스펀지처럼 흡수하는 이 시기에 체험하는 자연과의 교감은 아이들의 뇌가 유연하고 자유롭게 사고할 수 있도록 돕는다. 복잡하고 건조한 도시의 풍경보다 온화하고 부드러운 자연의 풍경이 사람의 뇌를 이완시키고, 더 활기 있게 만든다. 따라서 이런 정서적 경험은 아이들의 상상력과 창의력을 향상시키는 데 더없이 좋다.

<u>첫째, 자연의 소리와 색을 즐겨라!</u>
자연의 소리는 귀를 편하게 하며 스트레스를 줄여준다. 풀벌레 소리, 새소리, 계곡물 소리는 청각 패턴 인식을 높여줄 뿐 아니라 마음을 안정시킨다. 아기가 12개월이 되면 자연의 빛깔을 완벽하게 볼 수 있을 만큼 시각이 발달하니, 야외에 나가 숲을 보여주고 벌판을 보여주면 좋다. 청각주의력이 강화되고 스트레스 호르몬도 줄어든다.

일광욕을 통해 피부를 단련시키면 감기나 알레르기 질환에도 강해진다. 또 햇빛을 쬐면 인체 내에서 생성되는 비타민 D가 아기의 뼈와 치아 발육을 돕고 면역력을 높인다. 디지털 음악이나 모니터의 색상은 전자 기기에 저장하는 과정에서 왜곡되기 때문에 바람직하지 않고, 정기적으로 자연의 소리와 색을 들려주고 보여주는 것이 아기를 활기차게 할 수 있다.

둘째, 면역력을 높이려면 생체 리듬을 따르라!
잠이 부족하면 스트레스에 약해지며 참을성이나 호기심, 열정, 활동성 등이 부족해지고 창의력 또한 저하된다. 스트레스 호르몬이 증가해서 면역력도 떨어진다. 잠이 부족한 아이가 감기에 잘 걸리는 것도 그 때문이다. 30개월 아이는 평균 13시간을 자야 한다. 만일 아이들이 8시간 이하로 자는 경우에는 행동장애가 생기거나 면역력이 저하될 확률이 높다.

병에 대한 저항력이 강한 아이로 키우려면 꾸준한 운동으로 기본 체력을 확실하게 다져놓는 것이 제일이다. 면역력 증강과 직결되는 운동은 심폐 기능 강화 운동이다. 빨리 걷고 뛰어노는 것이 가장 손쉬운 심폐 기능 강화 운동이다. 집 안에 틀어박혀 있기를 좋아하는 아이, TV 앞에만 앉아 있는 아이라면 더욱 운동량에 많은 신경을 써야 한다.

셋째, 자연과 조화를 이룬 생명체를 체험하게 하라.
아이의 몸에는 생체 리듬이 흐른다. 충분히 자고 자연에서 뛰어노는 것은 면역력을 높인다. 자연친화적이고 뇌 발달을 촉진하는 음식을 먹이거나 자연과 조화를 이루는 생명체를 접하는 것이 뇌 발달과 면역력 증진에 좋다. DHA는 인간의 뇌를 구성하는 가장 기초 성분으로, 두뇌 활동이 원활하게 이루어지게 도우며 면역력을 키워준다.

문제는 DHA가 체내에서 만들어지지 않는다는 사실이다. 때문에 꼭 음식물로 섭취해야 한다. 고등어, 정어리, 참치, 꽁치 등의 등 푸른 생선을 많이 먹여라. 비타민과 미네랄은 우리 몸이 각종 영양소를 흡수할 수 있게 돕는 효소를 만드는 데 중요할 뿐 아니라 면역력도 높인다. 때문에 비타민과 미네랄을 충분히 먹지 않으면 아무리 영양가 높은 음식을 먹어도 면역력이 높아질 수 없다.

해조류처럼 식이섬유가 풍부한 식품을 먹여야 한다. 식품첨가제가 많이 든 음식이나 인스턴트식품은 집중력을 떨어뜨릴 뿐 아니라 면역력도 떨어뜨린다.

생명체를 만져보는 것도 아기에는 새로운 경험이다. 집 안에 있는 애완동물들을 만져보게 하라. 금붕어, 거북이, 새, 강아지, 고양이 등에게 먹이를 주게 하라. 아이는 자연스럽게 만지기도 할 것이다. 꿈틀하는 생명체의 느낌은 아이에게 아주 새로운 감각이고 창의력의 원천이다. 마당에 있는 작은 꽃과 벌레를 보여주어라. 그리고 가만히 만져보게 하라. 아이는 생명체를 만져보면서 살아 있는 생물의 생체 리듬을 느낄 것이다.

넷째, 손이 느끼는 것을 뇌도 느끼게 하라.

흙으로 무엇을 만들려면, 흙을 정성스럽게 반죽해서 안에 포함된 공기를 빼내야 한다. 흙을 열심히 발로 밟고, 손으로 매만지고, 때리면서 부드럽게 만들자. 아이는 신이 나서 흙을 가지고 놀며 여러 형태의 물건을 만들 것이다. 부드러운 흙과의 교감이 이렇게 자연스럽게 이루어진다. 촉촉하고, 부드럽고, 차갑고, 끈끈하고……. 흙에서 경험하는 아이들의 느낌은 끝이 없다.

<u>다섯째, 보고 느끼고 체험하게 하자.</u>

모닥불을 피워보는 것도 좋다. 모닥불을 피우려면 아이에게 나뭇가지와 마른 잎사귀들을 모으게 해야 한다. 훗날 이런 체험은 아이의 뇌 속 뉴런을 다양하게 자극해서 창의력과 상상력, 그리고 정서적인 발달로 이끌어준다. 인간은 평생에 걸쳐 새로운 기술을 배우지만, 뇌 속의 신경회로가 다듬어지고 가지치기가 되는 25~48개월은 그야말로 뇌가 세상을 향해 활짝 열려 있다. 그래서 25~48개월 아이는 모든 것을 쉽게 배우고 빠르게 습득한다.

<u>여섯째, 자연의 경험을 풍부하게 하자.</u>

시카고 대학의 정치철학 교수인 앨런 블룸은 인간 특성의 안정성과 변화에 관한 연구에서, 개인의 지능은 48개월까지 50%가 발달되며 8세까지 80%가 형성된다고 말하고 있다. 그래서 유아기에는 오감을 통한 지각의 발달을 촉진해야 한다. 매일 누워서 때맞춰 분유 먹고 같은 모양의 모빌만 바라보며 보호 속에서 자란 아이와, 다양한 종류의 장난감을 마음대로 가지고 놀고 노래를 듣고 산책도 하며 하루 종일 여러 가지 경험을 하며 자란 아이 사이에는 큰 차이가 있다.

창의력을 위한 다양한 경험은 태어나면서부터 성인이 되어서까지 늘 계속되어야 한다. 따라서 자연과 접할 수 있는 기회를 자주 만들어주고, 여러 장소를 방문해서 다양한 경험을 하도록 해야 한다. 가을에는 산을 찾아 붉게 물든 단풍을 보며 기후에 따른 식물의 변화 과정을 설명해주는 것도 좋다.

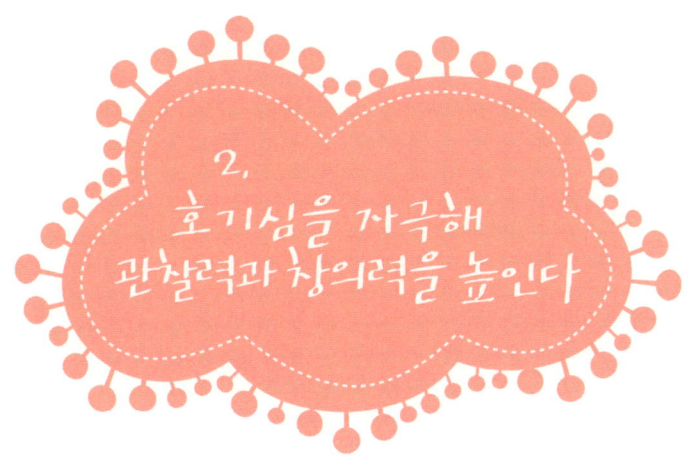

2. 호기심을 자극해 관찰력과 창의력을 높인다

25~48개월 아이는 듣기와 말하기에 재미를 느끼기 시작한다. 왕성한 호기심으로 질문을 하며 사물에 대한 지식을 넓히고 언어도 함께 발달한다. 이 시기 아이들의 호기심은 관심으로, 관심은 관찰력과 창의력으로 연결된다.

호기심을 키워야 학습 동기가 생긴다

아이는 호기심을 갖고 주변을 탐구한다. 새로운 것을 추구하는 에너지, 성취감을 맛보려는 열망, 과제에 대한 의욕이 여기서 생겨난다. 아이가 스스로 과제를 하려면 우선 과제가 아이의 호기심이나 흥미를 강하게 자극해야 하고 내적 동기와 사명감도 유지되어야 한다.

호기심을 담당하는 뇌는 전두엽과 서로 조화를 이루면서 늘 꿈을 실현하기 위해 노력한다. 또한 이렇게 원활한 상호작용은 아이가 레고 블록으로 멋진 성을 완성하는 것부터, 성인이 되어서 어릴 적 꿈인 글로벌 리더가 되는 것까지 많은 일을 가능하게 한다.

호기심의 뇌에는 여러 가지 신경전달물질도 작용한다. 그중에서 도파민이 전두엽 전체에 흐르면 창의력이 생길 뿐 아니라 그것을 현실화하려는 의욕이 생긴다. 호기심의 뇌는 근육과 같아서, 사용할수록 호기심이 왕성해지고 창의적이 되며 더욱 열심히 하게 된다. 그러므로 아이가 지속적으로 흥미로운 경험을 할 수 있도록 풍부한 환경을 제공함으로써 호기심의 뇌를 활성화시켜야 한다.

아이의 호기심을 뇌 발달로 유도하기

아이는 본능처럼 솟구치는 호기심을 충족시키고 싶어 한다. 그래서 가장 가까이에 있는 부모에게 신호를 보낸다. 하지만 그 신호를 제대로 알아듣고 만족스러운 답을 해주는 부모는 많지 않다. 심지어 짜증을 내거나 귀찮아하는 부모도 있다. 부모의 반응이 아이의 장래에 얼마나 중요한 영향을 끼칠지 깨닫지 못한 채 말이다.

호기심은 궁금한 마음으로 시작해서 궁금증을 푸는 인지적 활동으로 이어지는 역동적 과정이다. 소중한 호기심을 유지하고, 채우려 노력하는 마음을 키워주어야 한다.

<u>첫째, 자연 현상에 대한 호기심이 강하다.</u>
무지개는 어디에서 시작되고, 별은 왜 밤에도 잘 보이는지 등 자연 현상을 궁금해한다. 자연에 대한 아이의 호기심을 통해 부모는 자연의 원리와 근본을 추구하는 탐구 능력을 키워줄 수 있다.

<u>둘째, 가전제품이나 자동차 같은 도구들의 작동 방법에 대해 많은 궁금증을 표출한다.</u>
TV나 컴퓨터 같은 전자 제품이 작동하는 것을 신기해하며, 어떻게 작동하는지 궁금해한다. 부모가 작동 방법을 설명해주면 원인과 결과를 파악하는 논리적인 수학 사고력을 길러줄 수 있다. 또 도구들을 직접 작동하다 보면 IQ와 관련이 많은 손놀림을 능숙하게 할 수 있다.

<u>셋째, 수집하기를 좋아한다.</u>
호기심이 많은 아이는 무엇인가에 관심이 있으면 열정적으로 수집하게 되고, 이를 토대로 과학 프로젝트를 진행하거나 연구로 발전시킬 수 있다.

<u>넷째, 관찰하고 체험하는 것을 좋아한다.</u>
관찰과 체험은 특별한 분야에 깊게 파고들 수 있는 특성을 길러주며 커서 과제를 발표하거나 프로젝트를 진행할 때도 기초가 된다. 부모가

깊이 있게 설명해주면 더 관심을 기울이므로 눈을 맞추고 자세하게 설명하면 좋다.

호기심을 갖고 언어 공부에 몰입하게 하기

아이가 사물과 소리의 차이를 명확하게 구별하게 되면, 눈에 보이는 새로운 것들에 대한 호기심과 소통하려는 욕구가 자연스럽게 생겨 특정 물체나 소리에 몰입하게 된다. 몰입은 뇌가 선택적으로 주의 집중하는 것을 의미하는데, 아이가 눈에 보이는 수많은 자극 중에서 특정한 자극에 대한 호기심으로 눈의 초점을 정확하게 맞추고, 귀로는 특정 소리에 선택적으로 주의 집중하는 것이다.

첫째, 상호작용을 하라.
언어는 다른 사람과 의사소통을 하기 위해 생겨난 것이다. 따라서 언어를 익히려면 상호작용이 가장 중요하다. 예를 들어 아이가 사과를 보고 호기심이 생기면 그것이 무엇인지 물을 것이다. 이때 부모가 아이에게 '사과'라고 대답해주면, 아이는 사과라는 물체와 이름의 관계를 인지하게 된다.

둘째, 질문을 개방형으로 바꾸어라.
아이에게 "재미있었니?", "맛있어?" 같은 단답형 질문보다 "이 색깔 어때?", "누구랑 놀까?"처럼 생각하고 대답해야 하는 개방형 질문을 하자.

셋째, 구체적으로 질문하라.
부모가 구체적으로 질문하면 아이는 사람과 주위 사물에 자연스럽게 관심을 기울이게 된다. 그러면 전에는 보이지 않던 주변 환경과 사물이 보이고, 들리지 않던 소리가 들리고, 생각하지 않던 문제들도 생각하게 된다.

24~48개월 동안 뇌량으로 좌뇌와 우뇌의 통합

창의적인 인재가 뜨고 있다. 창의성이 조직의 생산성을 높이고 새롭게 변화시키기 때문이다. 하지만 창의성은 무엇보다도 아이의 인생을 행복하고 재미있게 만든다. 창의성이 있는 아이는 세상을 바라보는 시각을 바꾸어 자기의 인생을 더욱 가치 있게 만들 수 있다. 이제는 적용과 적응만으로 안주하는 시대는 지났다.

세상의 속도를 따라가는 것도 중요하지만 새로운 것을 창조하는 것이 중요한 시대가 되었다. 아이도 같은 모습으로 지루하게 살기보다 모험적이고 재미있고 행복하게 인생을 만들어가야 한다. 25~48개월은 이런 인생을 만들기 위한 기반을 닦는 시기라고 할 수 있다.

요즘 아이들은 그림책으로 세상을 배운다. 그림책으로 귀뚜라미를 보고 고양이도 배운다. 그러나 그림책은 현실이 아니다. 부모는 흔히 그림책으로 모든 것을 충족할 수 있다고 생각하지만, 눈으로 직접 보기 전에는 제대로 보는 것이 아니다. 아이는 자연으로 나오면 풍뎅이나 기타 생물들을 눈으로 보고, 크기도 확인할 수 있다. 동물뿐 아니라 식물도 마찬가지다. 이것이 진정한 학습과 연결된다.

더구나 25~48개월에는 뇌량이라는 뇌 영역이 수초화된다. 24개월 이전에는 뇌량이 발달되지 않아서 좌뇌와 우뇌가 따로 논다고 할 수 있지만, 25~48개월이 되면서 뇌량으로 인해 좌뇌와 우뇌가 통합되는 것이다. 따라서 어떤 사물을 볼 때도 좌뇌에서 본 것과 우뇌에서 본 것이 통합되므로 더욱 완벽해진다.

뇌량이 수초화되면 부모가 거짓말하는 것도 용케 알아낼 수 있다. 엄마가 말하는 것은 좌뇌가 듣고 엄마의 표정을 우뇌가 읽게 되므로 양쪽이 일치하지 않으면 아이는 부모가 거짓말한다는 것을 알게 된다. 따라서 25~48개월부터는 부모가 거짓말을 함부로 하면 안 된다.

25~48개월 아이의 창의력 발달을 위한 지침

첫째, 자연을 관찰하게 하자.

아이의 관찰은 생각과 연결된다. 푸른 하늘을 보고, 숲의 향기를 맡고, 물놀이를 통해 물의 부드러움을 느끼고, 달콤한 과일을 맛보면서 아이의 사고력이 발달한다. 관찰은 '주목하기'이며, '적극적인 동작'이고, '경청하기'다. 아이는 오감을 이용해 자연을 관찰하는데, 오감을 통해 느끼는 지각은 사고 자체에 가깝다. 관찰을 통해 얻은 경험과 사고는 신경회로를 만들어 창의적 직관을 끌어낸다.

둘째, 감각 치환을 돕자.
감각을 치환한다는 것은 상상한다는 것이다. 위대한 과학자나 예술가는 생각을 표현하기 전에 그 내용을 머릿속에서 형상화한다. 작곡가는 눈으로 듣고 귀로 보는 능력, 시인과 소설가는 이미지와 연관해서 사고하는 능력이 있다. 아이에게 책을 보여주는 것이 아니라 읽어주는 것도, 아이가 귀로 들은 것을 이미지로 떠올리도록 감각 치환을 돕는 것이다. 아이는 자연의 체험과 현장 경험을 통해 감각을 치환하고 형상화할 수 있다.

셋째, 새롭게 조합하게 하라.
창의력은 새롭게 조합하는 놀이를 통해 발휘될 수 있다. 아이는 모양판이나 퍼즐뿐만 아니라 자연의 구체물, 나뭇잎, 돌멩이, 과일 등으로 패턴을 인식할 수 있다. 완성된 장난감도 좋지만 부품형이나 조립형의 장난감을 사주면 아이는 그것을 조합하면서 자연에서 인식한 패턴을 형상화할 수 있다.

넷째, 주도적인 것을 즐기게 하라.

불확실한 것을 주도적으로 즐겨야 창의성이 풍부해진다. 많은 성인들은 주도적이라기보다 반응적으로 산다. 아이도 부모가 하라는 대로 하고 익숙한 것만 반복하기 일쑤다. 하지만 자연에서 놀면 아이가 주도성을 가지게 되고 불확실성도 체험하게 된다. 수동적으로 반응하고 지시를 받는 학습 놀이와 달리 자연 놀이는 불확실한 것을 주도적으로 해나갈 수 있다. 불확실하지만 새로운 것을 긍정적으로 찾아다닐 때 아이의 뇌가 경직되지 않고 창의력을 마음껏 발산할 것이다.

다섯째, 표현하고 생산하게 하자.

창의력은 남과 다른 기발한 생각이지만, 남과 다른 생각에 생산성이 더해져야 비로소 진정한 창의력이 된다. 새로운 가치를 만들어내기 위해서는 엉뚱한 생각만으로 그치면 안 되고, 자신을 표현하고 결과물을 만들어야 한다. 아이에게 크레용이나 물감을 주자. 아이는 몸짓이나 손으로 자연을 다양하게 표현하고 결과물을 만들어낼 것이다.

여섯째, 많이 여행하라.

창의력을 계발할 수 있는 가장 좋은 방법은 여러 곳을 돌아다니는 것이다. 다양한 환경과 문화 속에서 개방성과 호기심, 민감성을 키울 수 있고, 자연을 접하면서 문제 해결력이 키워진다.

창의력을 키우려면 자연 체험이 중요하다

아이의 창의력을 키우기 위해서는 자연 체험이 중요하다고 강조한 바 있다. 자연 활동을 통해 사물을 실제로 확인하는 것이 그림책보다 더 의미가 있기 때문이다.

물속에서 물장구 치고, 맨발로 흙이나 모래를 밟아보고, 가끔은 비도 맞아보고, 들판에 피어 있는 꽃과 풀을 관찰해보는 등 자연을 활용한 놀이를 한다면 즐거움을 느끼며 자연의 소중함을 알 수 있다.

더 나아가 자연의 푸르른 색을 비롯해서 이 세상에 다양하게 존재하는 색에 대해서 탐색해보고, 자연물을 이용한 놀이도 해보자. 자연은 아이에게 다양하고 창의적인 표현의 기회를 더 넓게 제공할 것이다.

① 흙에서 놀자. 직접 흙을 만져보고 탐색하자. 흙으로 진흙 놀이를 하자. 진흙의 다양한 느낌과 놀이할 때의 소리도 표현해보자.
② 돌을 쌓으며 눈과 소근육의 협응력을 기르자. 납작한 돌로 탑을 쌓으며 자연의 감촉을 느껴보자.
③ 떨어진 꽃잎과 나뭇잎, 잔가지를 이용해서 미술 활동을 하자.
④ 빗방울을 맞으며 자연이 주는 즐거움을 느끼자. 우산을 쓰고 비가 우산에 부딪히는 소리를 들어보자. 비가 오면 볼 수 있는 벌레들을 관찰하고, 빗물이 꽃과 나무에 떨어지는 모습을 통해 자연을 경험하자.
⑤ 나뭇잎을 관찰하자. 나뭇잎을 모아 모양을 관찰하고, 만졌을 때의 감촉, 냄새 등을 느껴보자.

⑥ 풀잎, 꽃잎, 과일을 이용해서 물을 들이자. 포도 껍질로 하얀 손수건에 염색을 하자.

⑦ 나무를 느껴보자. 나무 그늘에 돗자리를 펴고 놀면서 바람을 느끼자. 나무를 만져보거나 안고 귀를 대보자. 나무에 살고 있는 곤충이나 풀 등을 관찰하자.

⑧ 모래놀이터에서 아이들의 생각대로 물에 적신 모래를 뭉쳐보거나 틀로 찍어보거나 자유롭게 모양을 만들어보자.

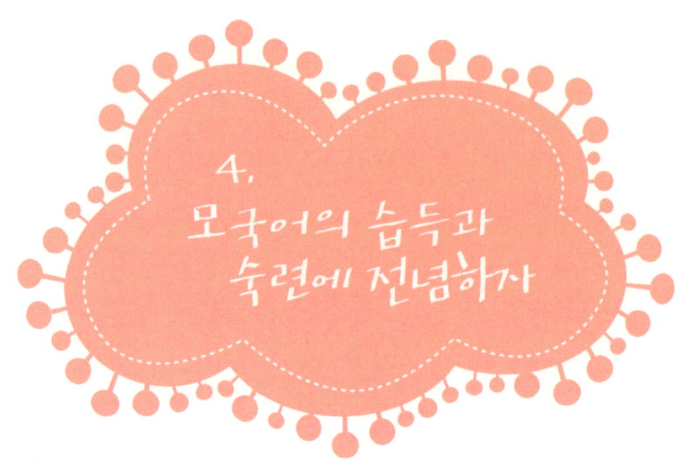

모국어를 잘해야 외국어를 잘한다

요즘 부모들은 25~48개월 아이에게 영어를 가르치느라고 모국어 교육에 소홀한 경우가 많다. 그러나 이 시기 아이에게는 영어보다 모국어가 더 중요하다.

언어는 한 사람의 사상과 그 사람이 살아온 문화 전반을 반영해서 만들어진다. 또 어느 나라 말이든 사람의 입에서 나오는 말은 그 자신의 지식과 생각의 깊이를 그대로 반영하므로, 영어를 잘하기 위해 가장 중요한 것은 깊이 있는 모국어 실력이라는 사실을 알아야 한다. 모국어 실력의 토대가 튼튼히 만들어진 후 그것을 바탕으로 영어라는 성을 쌓는 것은 그다지 어렵지 않다.

물론 모국어를 잘한다고 자동으로 영어가 되지는 않는다. 분명 영어에도 시간과 노력을 쏟아야 한다. 일단 모국어의 틀이 잡힌 초등학교 입학할 때쯤 영어의 발음과 간단한 단어 교육을 시작하는 것이 좋고, 그 이후에 본격적으로 영어 교육을 시작해도 결코 늦지 않다. 본격적으로 영어 공부를 시작한다고 하더라도 모국어의 깊이는 계속 더해갈 필요가 있으며, 둘 중 더 중요한 것은 당연히 모국어다.

 발음이 중요하지 않다는 것은 아니다. 풍부한 사고력과 논리를 바탕으로 한 언어 능력에 미려한 발음까지 더해진다면 금상첨화일 것이다. 영어를 배우는 데도 감수성기가 있어 하루라도 빨리 영어를 시작해야 한다는 주장이 있지만, 기본적으로 모국어를 통한 언어 능력의 틀이 잡힌 사람의 경우 12세가 지나기 전에만 영어를 시작하면 충분히 만족할 만한 결과를 얻을 수 있다.

 영어가 모국어인 미국 사람들도 영어 말하기의 발음 및 발성법, 그리고 알파벳은 유치원에 들어가서야 배운다. 따라서 25~48개월 아이는 모국어의 습득과 숙련에 전념할 필요가 있다.

 25~48개월 아이에게 모국어와 영어의 '이중 언어 환경' 조성은 사실상 불가능하며, 그 효과도 거의 보기 힘들다. 두 언어의 차이가 너무 커서, 한 틀에 넣고 익힐 경우 두 언어 발달 모두에 부정적 영향을 줄 수 있기 때문이다.

 '이중 언어'라는 개념은 언어의 구조가 유사하고, 심지어 단어의 철자가 같지만 발음만 다른 경우(유럽 사회)에 어느 정도 가능하다. 그래서 유럽은 어려서부터 3~4개 언어를 구사하는 사람이 많다. 즉 3~4

개 언어의 어족·어군이 비슷해서 하나를 알면 다른 하나는 그저 발음만 수정하거나 몇 가지 규칙만 바꾸면 쉽게 익힐 수 있기 때문이다.

25~48개월 아이에게
이중 언어 교육은 비효율적이다

모국어가 한국어인 아이를 영어와의 이중 언어 환경에 노출시키면 한국어와 영어 모두 발달이 저해될 수 있다. 초보적인 수준까지는 동시 학습이 가능하지만, 그 단계를 넘어 깊이 있는 사고력과 표현력을 학습하기는 쉽지 않기 때문이다.

보통 이런 아이들은 자기가 습득한 언어 사회에서 여행이나 쇼핑 정도는 큰 지장 없이 해도, 고등학교 수준 이상의 지식을 얻기는 거의 불가능하다.

25~48개월 아이에게 이중 언어 환경을 통한 조기 외국어 교육을 시키는 것은 비효율적이다. 그보다 모국어를 통해 논리적으로 생각하는 법을 먼저 가르치고, 생각의 틀이 잡힌 다음 깊이를 더하는 많은 지식을 습득하는 것이 우선시되어야 한다.

부모의 유학으로 미국에서 태어나 살다가 한국으로 돌아온 아이들의 경우 영유아기에 돌아오면 6개월도 되지 않아 영어를 완전히 잊어버린다. 최소한 초등학교 저학년 이상은 되어야 한국에 와서도 영어 공부를 지속할 수 있고, 실력을 어느 정도 유지할 수 있다.

아이가 영어 공부를 왜 해야 하는지 이해하고 열심히 즐겁게 꾸준히 할 수 있도록 동기 부여를 하는 것은 부모와 아이 각자의 몫이다. 단, 시작하는 시기가 어릴수록 거부 반응 없이 할 수 있다는 주장은 설득력이 없다.

25~48개월 월령별 언어 발달 오감육아

■ 25~30개월: 자기의 요구를 말로 표현하도록 하자

25개월부터는 하루에 여덟 단어씩 배우는데, 이 속도는 초등학교까지 계속 유지된다. 아이가 6세가 되면 약 13,000개의 단어를 이해할 수 있다고 한다. 아이가 처음으로 단어들을 결합하기 시작하는 것은 생후 18개월에서 24개월 사이다.
이때 아이들이 무질서하게 단어를 연결하는 것은 아니다. 아이는 "엄마가 먹는다"라고 하지, "먹는다 엄마"라고는 하지 않는다. 마찬가지로 "옷 아빠"라고 하지 않고, "아빠 옷"이라고 한다.
아이가 적어도 두 단어 이상의 문장으로 의사소통하도록 지도하자. 나와 너 같은 대명사 사용과 과거 시제도 가르치자.

■ 31~36개월: 언어와 언어의 연결이 제대로 이루어진다

올바른 언어 사용의 기본인 문장 구성력도 처음에는 한 단어 명사로 시작한다. 다음에 명사와 형용사 또는 명사와 동사로 만든 두 단어 문장으로 만들고, 결국 간단한 조사가 더해지면 단어들이 제대로 연결되는 식이다.
될 수 있으면 많은 표현 어휘를 가르쳐라. "언제", "왜"로 시작하는 질문 등을 부모가 자주 사용해서 아이의 이해를 도와야 한다. 두 개의 사물과 두 개의 동작이 포함되는 심부름을 시키자. 아이에게 다양한 감정 표현을 가르치고, 언제, 왜, 어떻게 같은 의문사를 이해시키고, 우리나 너희 같은 복수 대명사를 사용할 수 있도록 가르치자.
아이가 말이 늘면, 아이가 묻는 말에 아주 자세히 설명해주는 것이 좋다. 페이스북의 창시자 저커버그의 부모는 아이의 질문에 아주 구구절절 대답해주는 부모였다. 질문을 기다렸다가 상세하게 대답해주는 것은 두뇌 발달에 좋고, 사고력도 생기고,

자존감도 높아지는 교육법이다.

■ 37~48개월: 경험한 일을 이야기하는 습관을 들이자

48개월 정도가 되면 아이는 단순한 가정문이나 조건문을 사용할 줄 알게 되고, 의문문을 적절하게 사용한다. 그리고 서로 관련 없는 두 가지 지시를 수행할 수 있다. 친숙한 물건의 사용법을 물어보고, "어떻게"가 들어간 질문을 많이 사용해서 아이의 대답을 유도하자. 바로 전에 경험한 일을 이야기하는 습관을 들이고, 일어난 순서대로 두 가지 사건을 말할 수 있게 가르치자. 과거 형태나 미래 표현을 사용하는 것을 격려하라.

옷치장을 하는 것은 아이에게는 아주 신 나는 일이다. 아이와 무슨 옷을 입을지 의논하는 것은 아이에게 새로운 어휘를 늘려주는 좋은 계기가 될 것이다. 집에 있는 옷을 여러 가지 늘어놓고 아이와 이야기를 나누자. 모자, 스카프, 구두, 장갑, 바지, 저고리, 양말 등 아이가 좋아할 것 같은 것이면 무엇이든지 실험해볼 수 있다.

뇌량의 발달이 본격적으로 시작되는 시기는 24개월 전후

요즘 부모들은 아이에게 생후 6개월부터 책을 읽어주기 시작해서 18개월 즈음부터 한글을 가르치는 조기 교육을 한다. 이렇게 하면 분명 언어나 글자를 깨치는 시기가 앞당겨지기는 하지만 동시에 그 시기에 이루어져야 할 다른 부분의 발달이 영향을 받을 수 있다. 따라서 지적으로는 약간 뛰어날지 모르지만 감성이나 체력이 부족한 아이가 될 수도 있다.

책만 좋아하고 사회성이 떨어지는 아이들이 많아진 것을 보면 부모의 교육적인 관심이 신체적·정서적 발달을 무시한 채 인지적 발달에만 주력한 것이 아닌가 하는 의구심마저 든다.

언어력은 좌뇌와 우뇌가 통합적으로 기능하는 뇌 활동의 결과물이다. 뇌량(Corpus Callosum)은 좌우 뇌를 연결함으로써 이들이 서로 소통하는 데 중요한 역할을 한다. 뇌량은 대략 24개월 전후에 빠른 속도로 발달하고, 생후 48개월 정도에 발달이 마무리된다. 24개월 이전까지 좌우 뇌는 각자의 기능을 따로 수행하기 때문에 통합적인 인지력이나 감정을 처리하는 기능은 떨어진다.

일찍부터 한글 교육을 시작할 경우 상당수의 아이들이 무리 없이 따라오기는 하지만, 조기 교육이 감정을 배제한 문자 교육 중심이라 문제가 되기도 한다. 아이들에게 그림책을 지속적으로 읽어주다 보면, 어느 순간 아이가 평소엔 아무 반응이 없던 내용에 대해 공포나 환호를 나타내는 경우가 있다. 이때 언어는 좌뇌뿐 아니라 우뇌와도 소통하면서 통합적인 기능을 한다. 그러나 부모가 책을 읽어주는 것이 아니라 아이가 일찍 글을 깨쳐서 혼자 책을 읽으면, 아이의 뇌는 지속적으로 감정보다는 문자적 처리만을 하게 되고, 정보를 습득하는 데 치우치게 될 가능성이 아주 높다.

언어의 감정적 처리는 유대감 있는 부모의 목소리를 들으며 오감으로 받아들여야 효과적으로 익힐 수 있기 때문이다. 아직 아이의 뇌는 스스로 문자를 읽고 해석하면서 동시에 그 내용을 감정적으로 받아들여 복합적으로 처리할 준비가 되어 있지 않다.

그러므로 아이가 너무 일찍 글자를 배우고 혼자서 책을 읽게 되면 언어의 감정적 처리 능력이 상대적으로 미숙해질 가능성이 높다. 그런 아이는 자연 관찰이나 백과사전류의 책을 잘 읽지만, 다른 책은 상대적으로 흥미가 없다. 감정적 언어 처리 능력이 부족하다고 해서 감성 자체가 아주 없는 것은 아니므로, 부족한 부분은 그림, 만화, 영상 등으로 보충할 수 있다. 하지만 장기적으로 감정적 언어 처리의 미숙은 학습뿐만 아니라 공감력이나 사회성에 영향을 미친다.

〈아이의 언어 발달 체크리스트〉

25~30개월
- 성인 말의 60~80%를 이해한다.
- 말뜻의 차이를 이해한다.
- 200단어의 어휘
- 3~4단어 문장을 말한다.

31~36개월
- 소꿉장난을 한다.
- 두 가지 구성의 명령을 수행한다.(의자에 인형을 놓아라.)
- 질문을 한다.
- 노래를 부르고 음절을 반복한다.
- 완벽한 음높이를 갖는다.

37~48개월
- 경험 외적인 내용 외에는 성인의 대화를 이해한다.
- 어휘가 광범위해진다.
- 정확한 문법을 사용한다.
- 일부 표현은 미성숙하다.

- 상상적 놀이와 대화를 한다.
- 무엇이든지 묻는다.

    감정적 언어 처리가 미숙한 아이들은 자라면서 큰 상처가 될 트라우마를 경험하면, 공감력이나 감정조절력의 결핍으로 비정상적인 공격성이나 과격한 반응 등을 보일 수 있다.

    부모나 주위 사람들의 관심과 사랑으로 자라면서 균형 잡힌 교육을 받는다면 뛰어난 집중력이나 성취욕, 끈기로 발현될 기질이, 부모의 무관심 속에 방치되고 마음에 상처가 쌓이면서 이상 행동이나 공격성으로 바뀌는 것이다.

    아이가 그림책을 일찍 접하는 것은 좋지만, 아주 어릴 때부터 아이 혼자서 책을 읽게 하거나 카세트테이프에 나오는 성우의 목소리에 주로 의존하는 것도 바람직하지 않다. 책을 많이 읽고 뛰어난 언어력을 가지는 것은 분명 중요하다. 하지만 그런 과정이 부모의 사랑과 관심, 상호작용을 통해 이루어지지 않는다면, 지능은 뛰어나지만 정서나 사회성에 문제가 있는 아이로 자랄 수 있다.

    아이에게 책을 읽어주다 보면 아이가 갑자기 글자의 모양이나 구성에 관심을 가지게 된다. 그때는 책을 읽어주면서 글자를 짚어주고, 말과 글자의 연관성을 가르쳐줄 필요가 있다. 그러나 책 읽기에서 주가 되어야 하는 것은 매일 아이에게 직접 책을 읽어주는 것이다. 책을 읽어주면서 아이가 어떤 내용에 즐거워하고, 싫어하는지, 또 그런 반응이 어떻게 달라지는지 유심히 관찰하며 아이와 함께 울고 웃는 책 읽기가 습관이 되어야 한다.

책 읽기는 창의력의 기본이다. 굳이 책을 선별해서 읽어줄 필요도 없다. 교육적으로만 문제가 되지 않는다면 어떤 책이든 좋다. 두껍거나 얇거나, 작거나 크거나, 무겁거나 가볍거나, 그림이 있거나 없거나 큰 문제가 되지 않는다.

25~48개월 아이라도 손이 가고 읽고 싶은 책이 있다. 서점에 가면 눈이 가고 손이 가고 흥미가 생기는 책이 있다. 얼핏 보기에 우수 도서 같지 않고 인쇄도 조악하고 글씨체도 작고 그림이 조금 어설퍼도 아이들의 '마음'을 끄는 책이면 좋은 책이다.

부모가 아이에게 정기적으로 책을 읽어주는 게 좋다

부모는 아이가 혼자 읽을 수 있더라도 정기적으로 책을 읽어주는 게 좋다. 왜 그럴까?

첫째, 책을 읽어주면 훨씬 쉽게 배운다.

둘째, 호기심과 상상력, 어휘력을 늘릴 수 있다. 또한 집중력과 사고력을 키우고, 상대방과 성공적인 대화를 하게 한다.

셋째, 많은 대화를 나눌 수 있고, 그 속에서 아이의 생각과 감정을 공유할 수 있다. 그러면 아이들은 감성적으로 성장할 수 있고 부모와의 관계도 긴밀해진다.

부모들은 바쁘다는 핑계를 대며 아이들이 혼자 책을 읽도록 유도하고, 때로는 CD나 녹음기를 틀어주고 혼자 들으라고 하기 일쑤다. 그러나 부모가 읽어주면 좋은 점이 더 많다.

25~48개월 아이는 본격적으로 독서를 시작한다. 또한 부모가 들려주는 이야기를 좋아한다. 아빠 같은 사람이 겪는 모험 이야기나 아이에 대한 이야기를 만들어서 들려주면 좋아한다. 아이는 사물을 보고 패턴으로 기억한다. 즉 사물의 형태에 가장 흥미를 갖는 시기라고 할 수 있다. 이를테면 차를 보면 그 차의 종류와 이름을 금세 말하고, 공룡의 이름도 줄줄 외울 수 있다. 따라서 그런 흥미를 글자에 기울이도록 할 수 있는 것이다.

책을 통해 문자를 충분히 접한 아이는 자연스레 문자에 흥미를 느낀다. 그럴 때 자연스럽게 독서와 공부로 이끌어주면 장차 아이의 학습에 좋은 영향을 끼칠 수 있다. 실은 '왜', '어떻게'라는 질문은 아이의 전두엽이 발달하는 과정에서 자주 볼 수 있다. 부모가 읽어주는 단어는 소리와 음절의 형태로 아이의 귀에 닿는다. 단어가 그 안에 충분히 차면 어휘는 말하기 어휘, 읽기 어휘, 쓰기 어휘로 확장된다.

24~48개월 아이에게 어떤 책이 좋은가?

- **질문하고 대답하는 책**

아이에게 책을 읽어주는 것은 일종의 대화와 같다. 책을 읽어주면 아이에게 자신감이 생기고, 흥미를 일깨우며, 의사소통이 가능해지고, 정보를 습득하게 하며, 호기심을 불러일으키기도 한다. 더불어 아이는 책 읽기를 즐기면서 어휘와 배경 지식도 늘어난다. 그래서 질문하고 대답할 수 있는 책을 준비하는 것이 좋다.

- **지적 호기심을 채워주는 책**

기초 인지 발달이 이루어지는 단계로 접어들기 때문에 교육과 학습에 관련된 그림책을 선택하면 좋다. 특히 색깔, 크기, 수 등의 개념을 익힐 수 있도록 구성하거나, 인지 대상을 세분화해서 표현한 그림책이 좋다. 차에 대한 그림책이라면 소방차, 구급차, 버스, 택시 등으로 나뉘어 있고, 의자라면 다양한 용도와 디자인이 소개된 것이 인지 발달에 도움이 된다.

- **스토리가 있는 책**

책 속의 이야기 듣기를 좋아한다. 그동안 가지고 놀았던 인형이나 장난감에 없는 재미있는 이야기가 책 속에 있음을 알기 때문이다. 아이가 스토리의 재미를 알게 되면서 독서에 흥미를 가지는 것이다. 물론 복잡한 이야기 구조를 가진 그림책은 이해하기 어렵다. 등장인물이 3명 이하이고 내용이 반복적이고 그림만 보아도 줄거리를 짐작할 수 있을 정도로 단순한 구조의 그림책이 아이의 흥미를 일으킨다.

- 인성, 생활 습관과 관련된 책

호기심은 왕성하나 추상적인 사고가 불가능한 시기라서, 실제로 본 것을 중심으로 이해하는 경향이 있다. 따라서 그림책도 친근함을 느낄 수 있고 아이의 생활과 밀접한 내용을 다룬 것이 좋다.

아이 혼자 하는 일이 늘면서 독립심이 생기므로 일상생활을 소재로 한 생활 관련 그림책이 습관 형성에 도움이 된다. 동물을 주인공으로 해서 '인사하기, 혼자 옷 입기, 세수하기, 이 닦기' 등을 다루거나, 또래 아이의 생활과 가족의 사랑을 친근감 있게 표현한 것이 도움이 된다.

24~48개월 아이의 올바른 독서 지도법

첫째, 스스로 읽고 싶은 것을 선택하게 하라.

25~48개월 아이는 좋아하는 책이 한 가지 있어서 날마다 부모에게 그것만 읽어달라고 하는 경우가 많다. 집착이 너무 강해서 새 책을 읽어줘도 듣지 않으려고 하는 바람에 애를 먹기도 한다. 그래도 읽고 싶은 책은 아이 스스로 선택하게 하는 것이 좋다.

둘째, 매일 일정한 시간에 읽어주라.

아이가 집중하는 시간은 개인차가 크다. 부모는 아이가 집중하는 시간을 택해서 매일 일정한 시간에 읽어주는 게 좋다. 이것이 습관이 되면 아이는 몸과 마음을 준비해서 더욱 효율적으로 독서할 수 있다.

셋째, 틈틈이 읽어주라.

이 시기에는 어떤 이야기든 부모가 들려주는 이야기를 매우 좋아한다. 아이가 좋아할 만한 이야기의 형태 중 하나는, 부모와 꼭 같은 사람이 겪는 모험에 관한 이야기다. 또 자기와 꼭 같은 또래 아이에 관한 이야기를 만들어서 들려줘도 좋아한다.

넷째, 신문과 잡지도 읽기의 일환이다.

꼭 그림책만 고집할 필요는 없다. 부모가 읽는 신문이나 잡지를 아이가 다 이해하지 못해도 부모 때문에 더 흥미롭게 들을 것이다.

다섯째, 듣는 능력은 습득되는 것이다.

듣는 능력도 학습이 필요한 것 중 하나다. 잘하려면 많이 해야 한다. 많이 할수록 더 잘할 수 있기 때문이다. 매일 일정한 시간에 반복해서 책을 읽어주면 아이의 듣는 능력이 향상되어 더 효과적으로 책을 읽고 이해할 수 있다.

여섯째, 운율이 있고 예측이 가능한 책을 읽어주라.

독서가 본격적으로 시작되는 시기이므로 기승전결이 있는 이야기책을 읽어주는 것이 좋다. 책을 읽어줄 때 아이는 다음에 어떤 소리가 나오는지 궁금해하며 부모와 함께 그 소리를 반복해서 읽어보곤 한다. 가끔 아이에게 "자, 다음엔 어떤 일이 일어날 것 같니?"라고 물어서, 이야기의 줄거리를 따라오도록 해준다. 그러고는 아이가 말하는 것을 이어서 이야기를 계속한다. 아이들은 모든 종류의 소리, 특히 특이하고 재미있는 소리를 좋아한다. 책을 읽어주다가 재미있는 소리를 발견하면 그것을 약간 과장해서 여러 가지 소리로 내주면 좋다.

일곱째, 단계적으로 수준을 높여라.
단계를 높여가며 수준 높은 책을 읽어주면, 처음에는 아이가 이해하지 못하지만 시간이 가면 흥미를 보이고 이해하게 된다.

여덟째, 때로 지적 수준이 높은 책을 읽어주라.
좌우 뇌의 소통이 활발하기 때문에 때로는 지적 수준이 높은 책에도 흥미를 보이고 일부 알아듣기도 한다. 새로운 것을 접하면서 집중력이 높아지기도 한다.

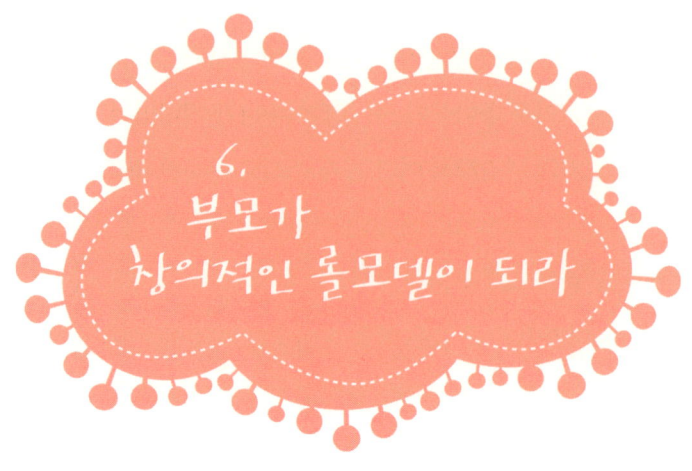

6. 부모가 창의적인 롤모델이 되라

부모의 격려가 긍정적인 마음을 키운다

현대 사회는 좌뇌에 적합한 일자리가 줄어들고 있다. 대량 생산하고, 불량품이 없어야 하고, 일정하고 반복적이며 예측 가능한 일자리들은 이제 컴퓨터나 자동화 기기가 차지하고 있다. 거기다가 좌뇌에 적합한 생산직은 중국이나 인도 등 해외의 현지 노동자들로 대체되고 있는 형편이다.

아이들도 시대의 변화를 거스를 수가 없다. 이 아이들이 자라서 직업전선에 나갈 때쯤에는 창의적이고 흥미로우며 자기주도적인 일자리가 더욱 많아질 것이다. 이제 부모는 성실성이나 근면성도 키워주어야겠지만, 아이가 기발한 생각을 하고 그것으로 구체적인 생산물도 만들어내는 경험을 하게 해야 한다.

저명한 영화감독인 스티븐 스필버그는 어릴 때 무서운 단편영화를 만든 적이 있다. 그는 부엌 찬장에서 무엇인가 흉측한 것이 흘러나오는 장면을 촬영하고 싶어 했다. 그의 엄마는 버찌 30통을 사서 압력솥에 푹 삶은 다음 폭발시켜 버찌 잔해로 부엌을 온통 빨갛게 물들였다. 스필버그의 흉칙한 영화 촬영 후, 엄마가 부엌에서 버찌 자국과 냄새를 없애는 데 1년이 넘게 걸렸다.

이처럼 창의적인 인재를 키우기 위해서는 부모의 역할이 중요하다. 창의적인 인재의 어린 시절을 보면 편모나 편부 혹은 양부모의 슬하에서 자란 사람들이 의외로 많다. 그 이유를 여러 가지로 분석한 학자들은, 부모의 지나친 간섭에서 벗어나 혼자 있는 시간을 많이 갖고, 자유로운 상상을 할 수 있었기 때문일 가능성이 많다고 지적한다.

창의적 CEO였던 스티브 잡스도 고등학교만 나온 양부모 밑에서 자라며 좋아하는 일을 자유롭게 할 수 있었다. 아이는 자기가 하는 일에 긍정적이어야 한다. 부모는 아이가 무언가를 스스로 성취했을 때 칭찬과 격려로 긍정적인 반응을 보여야 한다. 아이들은 자신의 행동에 반응이 없으면 적극성을 버린다.

실제로 아이들은 과제를 잘하는 것보다 친구들을 감동시키면서 더 많은 기쁨을 얻는다. 정서와 과제가 잘못 결합되면 아이가 주의를 기울이지 않고 하고자 하는 의욕을 잃는다. 게다가 아이가 부정적인 정서에 빠지면 주의력을 대부분 빼앗기기 때문에, 과제에 투입할 실제 주의력이 부족해진다.

아이와 함께 탐구하고, 토론하고, 여행하자!

아이가 좋은 성취를 하면 세로토닌 같은 정서와 관련된 호르몬이 분비되면서 흥분을 가라앉히고 행복감을 느끼며, 시냅스의 속도나 숫자를 늘림으로써 두뇌 기능을 향상시킨다. 이러한 신경생리학적 변화는 아이가 과제를 하는 동안 집중력을 강화시켜 목표를 추구하게 할 뿐 아니라 인지력도 향상시킨다.

첫째, 독립적이고 창의적인 롤모델이 되자.
창의적인 행동을 보고 자란 아이만이 창의적으로 행동할 수 있다. 수시로 식단에 변화를 주고, 집 안 물품의 위치를 정기적으로 바꾸고, 다양한 장소에 놀러 가는 것도 도움이 된다. 부모의 다양한 활동을 보며 아이는 자연스럽게 생활 속에서 창의력을 키우게 된다.

둘째, 간섭을 최소한으로 줄이자.
부모 스스로 롤모델이 될 자신이 없다면 간섭하기보다 지켜보고 기다려주는 것이 좋다. 창의력은 아이가 스스로 할 수 있도록 자율성을 줄 때 더 발휘된다. 과잉보호는 아이의 창의력을 파괴하기 쉽다.

셋째, 재촉하지 말라.
아이가 자신의 길을 갈 수 있도록 부모가 뒷받침해야 창의적이고 행복한 아이로 자랄 수 있다. 부모가 자신의 목소리를 내세워 아이를 재촉하면 아이의 삶을 갉아먹는 것은 물론 갈등이 시작되고 관계가 악화되면서 불행이 시작된다.

<u>넷째, 아이가 몰두할 수 있는 시간과 공간을 확보하라.</u>
아이가 그림책을 읽거나 블록을 갖고 노는 데 열중하고 있다면 그대로 두는 것이 창의력 강화에 도움이 된다. 부모가 같이 놀아야만 아이의 두뇌 발달에 도움이 될 것이라는 생각은 버려라. 정기적으로 아이 혼자 생각하고 몰두할 수 있는 시간과 공간이 필요하다.

<u>다섯째, 방치가 아니라 곁에서 지켜보고 가꾸자.</u>
아이의 잠재력은 화초와 같다. 어릴 적 발견된 잠재력을 따뜻한 관심과 보살핌으로 잘 키우면 인재로 성장하고, 방치하면 꽃을 피우기도 전에 말리 죽는다. 아이가 어릴 때 참 똑똑했는데 커가면서 총명함이 사라졌다는 생각이 든다면 방치한 결과다. 어릴 적 가지고 있었던 잠재력을 커서도 가지고 있으리라는 보장은 없기 때문이다.

<u>여섯째, 아이를 존중하고 격려하라.</u>
부모는 스파링 파트너가 되어야 한다. 아이가 자신의 의견을 말하면 존중하고, 좀 더 자유롭게 표현하도록 격려하며, 용기를 주고 정서적인 안정을 주어야 한다.

<u>일곱째, 감성적으로 접근하라.</u>

아이의 감성을 깨우고 의욕을 불러일으키는 양육이 뭔가를 가르치는 양육보다 좋다. 아이를 남과 다른, 혹은 세상에서 유일한 인재가 되도록 키우려면 감성과 이성이 조화를 이루도록 해야 한다.

<u>여덟째, 창의적인 대화를 하자.</u>

아이가 채소를 먹기 싫어한다면, "채소도 먹어야 튼튼해지지"라고 윽박지르기보다 "왜 채소를 먹어야 할까? 채소를 안 먹으면 어떻게 될까? 채소가 사라진다면?"과 같은 대화를 유도하는 게 좋다. 이런 과정이 아이가 생각을 표현할 수 있는 기회가 된다.

<u>아홉째, 자연 속 여행을 자주 하자.</u>

시간이 되면 자연 속으로 들어가 풍부한 관찰력과 민감성을 키워주자. 유태인들은 자녀가 생후 6개월 정도만 지나면 여행을 한다고 한다. 자연은 오감 교육과 체험 교육의 대표적인 장이다.

25~48개월 월령별 정서 발달 오감육아

■ 25~30개월: '싫다!'고 하는 것은 아이가 성장했다는 증거

아이가 자신의 의지를 나타내기 시작하면서 어떤 말을 하더라도 "싫어, 싫어!"라고 한다. 아이가 '싫다!'고 하는 것은 아이가 성장했다는 증거다. 아이의 안전과 관련된 것이 아니라면 아이의 의견을 존중하는 것이 좋다. 인지뿐만 아니라 사회적, 정서적 발달이 빠르게 나타난다. 아이를 격려하고 존중해주면 심리적인 안정감을 느끼게 된다.

무엇이든지 혼자 하려고 하고, 원하는 것이 이루어지면 성취감을 맛보는 시기다. 아이를 격려하는 방법으로 스킨십을 사용하면 좋다. 아이를 칭찬할 때 아이의 손이나 몸을 잡거나 피부를 접촉함으로써 마음을 전달할 수 있다.

■ 31~36개월: 온몸을 사용하는 스킨십이 필요하다

아이는 남의 감정을 보다 잘 이해할 수 있게 되고, 남의 의견에도 조금씩 귀를 기울이게 된다. 친구를 때리면 자신이 친구에게 맞았을 때처럼 아프다는 것을 이해하고, 부모 또는 친구 입장으로 생각해볼 수 있다. 따라서 친구들과 더 사이좋게 지내고, 다른 사람을 도와줄 수 있다.

자신의 몸에 대해 깨닫고 자신의 몸을 움직여 뛰고 기어오르면서 자신감과 성취감을 느끼게 된다. 그러나 아직 높은 곳에서 내려오거나 높은 곳에 있는 것은 무서워한다.

이제는 협동 놀이가 어느 정도 가능하다. 부모가 같이 놀아줄 여지가 많아지는 때이므로 스킨십을 이용한 몸 놀이를 해줄 필요가 있다. 블록 놀이나 퍼즐 맞추기처럼 같이 할 수 있는 놀이를 많이 하자.

■ 37~48개월: 부모에 대한 동일시가 생겨나는 시기

성인이 갖는 정서의 대부분을 갖게 된다. 그만큼 정서나 감정이 민감해진다. 부모에게 위대한 힘을 느끼고 부모의 권위를 알게 되는 때이기도 한다. 부모에 대한 동일시가 생겨난다. 부모의 표정이나 태도에도 막연한 동경심을 갖는다. 부모를 흉내 내는 일이 가장 많은 시기이고, 부모로부터 영향을 받기 쉬운 것도 이 시기다. 반항기가 지나고 자아가 뚜렷이 정립되기 시작하는 시기로, '자기' 개념이 생기는 동시에 '타인'의 존재에 대해서도 생각하게 된다. 더불어 눈에 보이는 것 외에 '마음'이라는 것이 있음도 알게 된다.

이 시기에는 버릇을 잘 들이고 훈육하는 것이 필요하다. 기본예절도 조금씩 가르쳐야 한다. 말로 훈육을 하기보다 아이의 손이나 몸을 잡고 이야기해서 엄마의 마음이 전달되도록 하자. 인사를 하거나 바깥나들이를 할 때도 피부 접촉을 많이 해주는 것이 좋다.

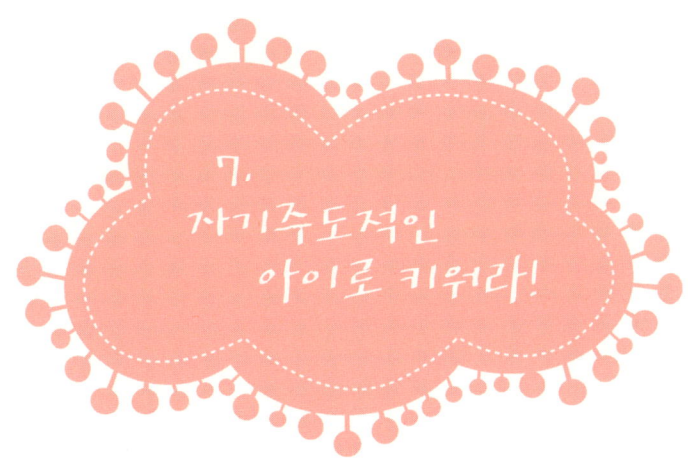

7. 자기주도적인 아이로 키워라!

과도한 집착은 아이의 인지력과 창의력을 떨어뜨린다

24개월 이전의 아이에게는 누군가의 사랑, 관심, 그리고 보살핌이 중요하다.

또 엄마와의 관계 외에도 다른 사람들과 공감하거나 소통할 수 있어야 한다. 만일 25개월 이후에도 엄마가 온통 아이에게만 관심을 가지면 아이의 인지력과 창의력이 오히려 떨어질 수 있다. 아이의 자기주도성과 자아 형성을 방해하기 때문이다. 엄마가 아이와 너무 붙어 지내면 창의성 발달에도 방해가 된다. 안전을 내세워 아이의 움직임을 제한하는 경향이 있기 때문이다.

인간은 생존과 번식을 위해 적응해온 다른 동물과 달리 새로운 프레임을 만들어 삶을 유지했다. 다른 동물이 피부를 바꾸고, 근육을 발달시키거나, 시각이나 청각 등을 자연 환경에 적응시키며 생존한 반면, 인간은 신체적으로 변화에 적응하는 쪽을 택하기보다는 환경을 자신에게 맞추어 변화시켰다. 추위와 더위에 적응하기 위해 피부를 변화시키기보다 옷을 만들었고, 높이 달린 과일을 먹기 위해 팔을 늘이는 대신 도구를 사용한다. 인간은 자기주도적으로 환경을 바꾸며 살아온 것이다.

과학적 사고를 통해 보편적 질서를 관찰하고 각종 현상과 인간의 행동들을 측정하고 표준을 찾아낸다. 또한 일정하게 반복되는 패턴을 유형화하고 보편적 질서를 파악해서 변형했다. 예술적 감각을 이용해서 개인과 사회 및 문화에 대한 시각을 변화시키고 기존의 프레임을 깨고 새롭게 표현하기 위해 노력했다. 이렇듯 인간은 자기주도적으로 자신의 문제를 해결했다.

아이들을 생각해보라. 아이들은 위험을 무릅쓰고 무엇인가 시도한다. 문제를 해결하기 위한 새로운 아이디어를 끊임없이 상상한다. 현대는 세상이 변화하고 새로운 정보가 자꾸 쏟아져 나오기 때문에, 어제의 해법으로는 오늘의 문제를 해결할 수 없다. 요즘같이 빠르게 변화하는 세상에 적응하기 위해서는 환경에 순응하는 것이 아니라 자기주도적으로 환경을 변화시키고 바꾸어야 한다.

자기주도적인 아이가 좌뇌적 언어와 논리가 더 빨리 발달한다

아이는 어릴 때부터 자기주도적으로 키워야 한다. 특히 25~48개월 아이가 자기주도적으로 지적인 탐구를 하면 도파민 회로와 함께 좌뇌적 언어와 논리가 더 빨리, 더 강하게 계발된다. 좌뇌 전두엽이 발달해서 더 긍정적으로 변하며 회복탄력성이 더 높아진다. 자기주도적인 아이로 키우려면 부모는 다음과 같은 노력을 기울여야 한다.

첫째, 끊임없이 스스로 결정하게 하라.
자기주도성은 스스로의 선택을 통해 키워진다. 아이가 좋아하고 즐겁게 할 수 있는 것을 선택하도록 도와야 한다. 자기결정성이 부족하면 행복 호르몬이라고 불리는 세로토닌과 의욕 호르몬인 도파민이 먼저 감소한다. 특히 자기주도성에 중요한 역할을 하는 도파민이 부족하면 무기력에 빠지게 된다.

둘째, 일단 저지르게 하라.
행동하지 않는 생각이나 아이디어는 의미가 없다. 환경을 변화시키고 바꾸려면 끈질긴 저항에 부딪히는데, 이것을 극복하려면 믿음과 의욕이 있어야 한다. 그러기 위해서는 우선 저지르게 하라. 저지르면 몰입할 수 있고, 몰입하면 좌절을 극복하고 성취를 이루게 된다. 이때 도파민 시스템은 더욱 강화된다.

셋째, 경계를 허물어라.

경험이 많은 부모는 아이의 한계를 인식하고 울타리를 만들려고 한다. 그러나 그 울타리는 아이를 안전하게 하기는커녕 틀에 가둔다. 아이는 감수성이 민감하면서도 부모의 힘과 권위를 인정하려 하기 때문에 사소한 경계라도 아이의 뇌에 각인된다.

부모가 만든 울타리는 효율적이고 안전할지 모르지만 이후 현실 체험의 범위와 방향을 만들기 때문에 아이가 기발한 생각과 체험을 하기 어렵다. 부모의 시각으로 만든 울타리에서 아이는 자신의 시각이 아닌 부모의 프레임으로 세상을 보고 판단하기 쉽다.

넷째, 느리게 키워라.

우리 뇌는 무언가를 발견하기 위해 강제로 쥐어짤 때보다 아무 목적도 없이 놀 때 훨씬 자유롭게 활동한다. 주어진 과제를 해결하는 과정에서 뇌가 활성화된다는 것은 그 과제에 필요한 활동 외의 다른 활동은 억제된다는 것을 의미한다.

혹시 아이의 행동이 느리다면, 늘 신중하게 생각하는 습관을 가진 것은 아닌지 좀 더 세심하게 살펴보자. 긴장이 없는 편안한 환경에서는 뇌가 특정한 일이나 작업을 위해 다른 모드를 억제하지 않아도 되기 때문에 창의력이 더 잘 발휘될 수 있다.

다섯째, 가능하면 다양하게 경험하게 하라.

자기주도적으로 감각적 체험을 많이 한 아이는 그 감각으로 의미를 만들기 때문에 기억을 잘하고, 몸의 감각과 함께한 활동은 무의식적인 기억력을 강화하기 때문에 창의성에도 도움이 된다. 따라서 많이 시도하고 많이 실패해야 한다. 아이가 기어 다니다가 일어서서 걸으려면 1,000번을 넘어져야 한다고 한다. 넘어지고 일어나는 다양한 경험을 통해 아이는 나름의 걷는 방법을 터득할 것이다. 여러 번 시도하는 과정에서 창의적인 변형이 가능해지는 것이다.

 부모가 가르쳐주는 것으로는 충분하지 않다. 새로운 것을 습득하려면 지식과 경험을 적절히 조작하고 모방해서 재생산해야 한다. 아이는 세상의 모든 것을 다 알고 싶어 한다.

 <u>여섯째, 과잉보호는 금물이다.</u>
 엄마가 온통 아이에게만 관심을 가지면 아이의 사고력과 창의력은 오히려 떨어진다. 자아 형성과 자기주도성을 방해하기 때문이다. 안전을 위해 아이의 모험심을 제한하고 과잉보호하면 아이는 역경을 극복하려는 의욕과, 다시 시도할 수 있는 면역력을 키우지 못한다. 따라서 아이는 위험하지 않은 수준에서 흙도 먹어보고, 벌레에게 물려도 보고, 넘어져서 다쳐도 봐야 한다.

 <u>일곱째, 너무 빨리 해결해주지 말라.</u>
 아이에게 닥치는 문제들을 너무 빨리 해결해주면 엔도르핀이 주도하는 오피오이드 시스템은 안정되지만 도파민 시스템이 발달하지 못한다. 도파민 시스템이 발달하려면 자기효능감이 필요한데, 이것은 아

이가 불편한 것을 열심히 표현한 후 부모가 그 불편함을 천천히 해소해줄 때 형성된다.

아이도 생각할 시간이 있어야 한다. 아이가 운다는 것은 뭔가를 생각하고 있다는 뜻이다. 때문에 너무 서둘러서 울음을 멈추게 하면 충분히 생각할 기회를 잃고 인내력도 생기지 않는다. 24개월 이전에는 아이의 불편을 빨리 해결해서 부모와의 신뢰감을 만드는 오피오이드 시스템이 중요하지만, 25개월 이후에는 도파민 시스템을 발달시켜서 자기효능감의 돌파구를 형성해야 한다.

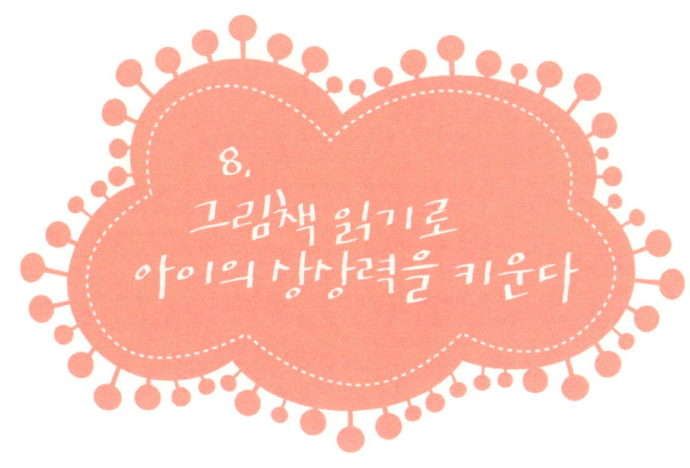

8. 그림책 읽기로 아이의 상상력을 키운다

아이의 사고력은 정지되지 않고 끊임없이 외부 세계를 이해하려고 노력한다. 이렇게 능동적인 태도는 사고력의 한계를 극복하는 데도 도움을 준다. 아이는 자신이 알려는 대상에게 적극적으로 반응하고 행동하면서 더 정확하게 이해하고, 사고력도 풍부해진다. 또한 아이의 사고력은 구체적인 일상의 경험과 동떨어진 상황에서는 충분히 발휘될 수 없다. 하지만 상황과 경험에 따라 놀라울 정도로 유연하고 역동적일 수도 있다.

아이는 24개월이 되면 언어나 이미지 연상 능력이 발달하면서 표상적인 사고가 가능하기 때문에, 눈에 보이지 않는 대상이라도 생각해내거나 관련짓는 등 정신적 작용이 가능하다. 그래서 이 시기에는 특정한 사물을 다른 사물로 바꾸어 표현하는 소꿉놀이나 의사 놀이 등의 상징 놀이를 하게 된다. 즉 엄마 흉내를 내거나 장난감 청진기로 진찰하기도 한다.

직관적인 사고도 중요하다. 시각적인 자극을 받으면 그 자극의 한 부분만을 주목해서 그것을 그 자극의 본질로 착각하거나, 모든 것을 자신의 관점에서 바라보는 자기중심적 사고를 하기도 한다. 이런 직관적 사고는 자기만의 엉뚱한 생각으로 이어지기 쉽고, 현실의 경계를 뛰어넘을 수도 있다. 이것이 상상이 이루어지는 출발점이다.

사고력은 관찰에서 시작된다

아이가 가지고 있는 사고력과 상상력을 높이기 위해서는 호기심을 가지고 관찰할 기회를 주어야 하며, 생각하는 놀이로 논리수학의 뇌를 발달시켜야 한다. 특히 그림책 읽기는 아이의 상상력을 키우는 원동력이다. 그림책을 읽어주면서 질문을 통해 생각하고 상상하는 능력을 극대화하라.

첫째, 사고력은 관찰에서 시작된다.
아이가 호기심으로 그림책을 보기 시작할 때 시간을 충분히 주자. 다른 그림 찾기 등을 할 때는 그림이 어떻게 달라졌는지 아이 스스로 발견할 수 있도록 기다려주라. 정답을 빨리 맞히지 못하겠지만, 아이는 이미 많은 것을 생각하고 느끼고 있으며, 이리저리 찾아보는 과정을 통해 관찰과 몰입이 무엇인지 경험하게 될 것이다. 따라서 부모는 아이가 스스로 찾을 때까지 아이를 믿고 기다려주어야 한다.

퍼즐 맞추기를 좋아하는 아이는 퍼즐을 맞출 때 엄청나게 집중한다. 아이는 다른 그림을 찾고 퍼즐을 맞추는 과정을 통해 관찰력이 늘고 사고력도 생긴다. 어느 순간 아이 혼자서 퍼즐을 완성할 때 아이가 느낄 성취감은 상당하다.

아이가 관찰할 시간을 주라. 스스로 발견할 수 있게 기다려주고, 작은 발견에도 "와, 잘했다"라고 호응해주는 것이 필요하다. 시행착오를 겪으면서 아이의 사고력은 확장할 것이다.

<u>둘째, 생각하는 놀이를 통해 논리수학의 뇌를 발달시켜라.</u>

도형을 구별하는 능력은 사고력을 길러주는 가장 기초적인 요소다. 그러므로 갖가지 모양의 도형 그림을 그리고, 그 도형으로 또 다른 도형을 만들어낼 수 있다는 것을 아는 것 자체가 사고력을 넓힐 수 있는 방법이다.

동그라미로 만들어진 일상용품을 모아보라. 냄비, 화장품, 물컵, 훌라후프 등을 모아서 아이에게 공통점을 느끼게 하면 도형의 개념을 익히게 할 수 있다. 네모, 세모, 원통, 사각통 등 형태에 따라 모으면 아이의 흥미를 끌 수 있을 뿐 아니라 논리수학의 뇌를 발달시킨다. 또한 크다/작다, 무겁다/가볍다, 길다/짧다 등의 비교 개념도 일상용품으로 확인시킬 수 있다.

아이에게 다양한 도형판을 주라. 다양한 도형들을 이리저리 연결하고 배치하면서 '생각하는 힘'을 기르게 된다. 아이가 만들고 싶어 하는 것을 만들지 못하고 실패할 수도 있지만, 이러한 시행착오는 사고력 확장을 위한 기초가 된다. 때로는 연결하다가 자신이 생각지도 못한 독창적이고 창의적인 '작품'을 만들어내기도 한다.

가령 아이가 다양한 모양의 도형판으로 자동차를 만든다고 하자. 아이는 우선 자동차를 만들기 위해 어떤 모양의 도형판을 고를지 고민한다. 네모 세모 모양의 도형판을 골라놓고, 또 어떻게 연결하고 배치해야 하는지 궁리할 것이다. 생각하고 응용력을 발휘하고 문제를 해결하는 과정이 도형을 활용한 놀이 속에 고스란히 담겨 있다.

셋째, 그림책 읽기와 물어보기를 통해 상상력을 키우자.

아이는 언어가 하나씩 늘면서 사고의 폭도 넓어지고 깊어지는 법이다. 즉 새로운 단어를 배우는 것은 단순한 언어 발달 이상의 의미를 지닌다. 단어는 아이에게 새로운 세계를 열어주는 놀라운 힘을 갖고 있기 때문이다.

어떤 단어를 하나 새로 알게 되면 사고의 범위가 그만큼 넓어지고 상상력도 커진다. 따라서 책의 글자를 그대로 읽기보다 부모의 배경지식을 섞어 과장해서 성우처럼 다양한 목소리로 읽어주는 것이 좋다. 강아지가 나오면 '멍멍' 소리를 내고, 오리가 나오면 '꽥꽥' 소리를 내며 몸동작으로도 흉내를 내보라.

아이의 언어 능력을 키워주는 가장 좋은 방법은 대화를 많이 하는 것이다. 아이의 눈높이에 맞춰 풍부하고 정확한 어휘를 구사하면서 호기심을 자극하고 생각거리를 주면 큰 효과가 있다.

일상생활에서도 아이에게 질문할 때 무의식적으로 부적절한 어휘를 사용하고 단편적으로 물어보면 아무 효과가 없다. 아이가 상상의 나래를 펼 수 있도록 "호돌이는 앞으로 어떻게 될까?", "호돌이는 무슨 생각을 하고 있을까?"처럼 앞으로 벌어질 상황이나 주인공의 마음을 상상해보도록 하면 좋다.

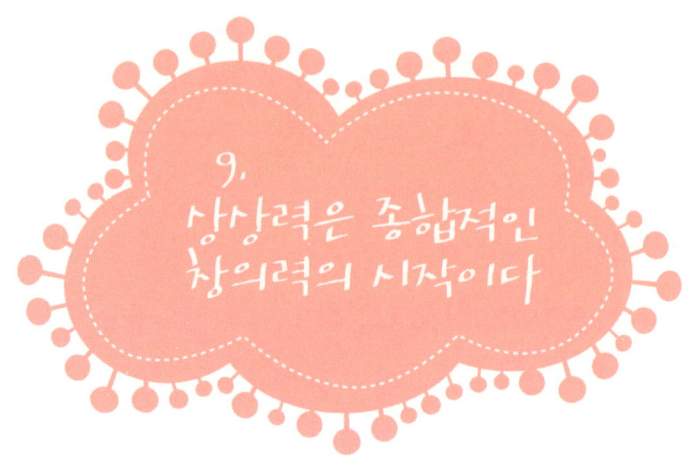

9. 상상력은 종합적인 창의력의 시작이다

**감성과 이성의 조화,
그리고 정서적인 성숙이 필요하다**

양전자방사단층촬영(PET)으로 촬영한 뇌를 보면, 생후 6개월에서 24개월 사이에 정서가 발달하면서 대뇌 전두엽 회백질의 활동이 더불어 증가하는 것을 볼 수 있다. 창의력은 전두엽의 기능이지만 밑바탕에 정서 발달이 버티고 있다는 뜻이다.

정서 발달이 확장되는 25~48개월 아이도 마찬가지다. 이 시기에 아이를 학습시키는 일은 창의력 발달과 아무 상관이 없다. 오히려 정답 맞히기 식의 학습은 아이가 쉽게 싫증을 내고 자율이 아닌 타율로 흐르게 된다. 결국 아이가 학습에 흥미를 잃게 될 수도 있다.

이 시기의 아이는 종합적인 창의력을 키워야 한다. 구체적으로 뭔가를 조합해보고 만들어가는 방식이 필요한 때다. 때문에 이 시기는 자발적으로 놀아야 한다. 물론 아이는 그냥 놀이를 즐기면 된다. 놀이가 학습의 전부이고, 자기가 하고 싶어 하는 것을 하면서 남과 다른 창의력을 발휘한다는 데 자부심을 가질 수 있다.

아이가 살아가는 데는 창의적 감성과 이성의 조화가 꼭 필요하다. 특히 아이는 정서적인 성숙이 필요하다. 주변 환경에서 발생하는 문제들을 융통성 있게 해결하는 기술, 다른 아이와 원만하게 지내는 기술, 자신의 생각을 유창하고 정교하게 표현하는 기술, 다른 아이의 감정을 이해하는 기술, 나만의 생각과 결과물을 만들어내는 기술은 반드시 정서적 안정을 필요로 한다.

창의력의 바탕은 우뇌를 사용해 이미지를 만들어내는 능력이다. 여기서 이미지를 만드는 능력은 바로 상상력이다. 이런 섬에서, 이미 완성된 장난감보다 블록처럼 조합해서 모양을 변형할 수 있는 장난감이 아이의 상상력을 키워주는 데 더 유리하다. 장난감 자동차를 사주기보다, 블록으로 아이 나름의 장남감을 만들어보도록 유도하는 것이 좋다.

글자나 숫자에 관심을 갖는 때이므로 기초 개념을 가르칠 수 있다. 사물의 이름을 나타내는 문자가 있다는 것을 이해시키고, 놀이를 통해 자연스럽게 크다/작다, 무겁다/가볍다, 길다/짧다, 많다/적다와 같은 비교 언어를 익히게 하고, 아이 스스로 보고 만지는 미술 놀이로 색채 감각을 만끽하도록 하자.

창의력과 사고력을 동시에 키우기

어휘가 급속하게 늘고 수 개념이 생기면서 협동 놀이가 가능해지므로, 또래 아이들과 함께 장난감으로 놀게 해주자. 크레용이나 손가락으로 칠하는 그림물감, 음악 도구, 수를 가르치기 위한 게임 장난감, 소근육을 발달시키는 가위와 색종이 등이 창의력과 사고력을 동시에 키워주므로 좋다. 수학도 손으로 만지고, 눈으로 보면서 즐겁게 체험하는 놀이가 되면 훨씬 좋다. 아이는 놀이를 통해 체험하고 문제 해결력을 키워 논리력, 사고력, 수리력 등 여러 영역이 고르게 발달된다.

첫째, 호기심을 자극하라.
요즘 아이들은 그림책, DVD, 인터넷, 다양한 장난감 등이 풍족하고, 큰 노력 없이 어떤 정보도 쉽게 얻을 수 있기 때문에 더 알려는 호기심이 별로 없다. 그래서 아는 것은 많은데 지적 호기심은 부족한 경우가 많다. 아이의 호기심이 자발적인 욕구로 충족되는 게 중요하므로, 화려한 자료를 너무 많이 제공하기보다 소수의 단순한 자료로 시작해서 호기심을 유발하는 게 좋다.

둘째, 아이의 선택을 존중하자.
아이는 스스로 성취할 때 가장 기뻐한다. 때문에 놀이를 통해 스스로 목표를 달성하고 과제를 성취할 수 있도록 기회를 주어야 한다. 아이 스스로 하고 싶어 하는 행동이나 목표를 고르고 성취하면 아이는 자신의 능력과 힘을 깨닫는다. 일례로 놀이를 할 때 장난감을 직접 고르는 것만으로도 아이는 목표를 달성했다고 느끼고 성취감을 가질 수 있다.

셋째, 구체적인 사물로 놀이하자.

구체적인 사물을 통한 수학 놀이의 가장 큰 장점은 수학의 개념을 직접 눈으로 보며 이해할 수 있다는 것이다. 부모는 수학의 추상적인 개념을 사물로 이해시키기보다는 두뇌 계발 교재 등으로 수학을 가르치려고 한다. 그러나 사물을 이용해서 놀면 단순히 수 개념을 이해시키는 정도에 그치지 않고 공간적인 유추와 추론력을 발달시킬 수 있기 때문에 문제 해결력 증진에 더 효과적이다. 더구나 두정엽이 충분히 발달되지 않은 25~36개월 아이는 지면 학습으로 추상적인 개념을 익히기 어렵다.

넷째, 단순한 재료로 상상력을 키우자.

주변의 넘치는 재료가 상상력을 방해할 수도 있다. 다양한 재료와 첨단 제품을 사주어야 한다는 압박감에서 벗어나자. 아이는 단순한 재료와 지루한 상황 속에서도 스스로 작품을 만들고 놀 만큼 창의적이다. 자유롭게 놀 시간과 공간 마련이 최우선이다.

다섯째, 기초적인 틀을 숙련하게 하자.

새롭고 참신하다고 해서 모두 창의력이 아니다. 다른 사람도 공감할 수 있어야 창의력으로 인정받는다. 아이의 생각이 공감을 얻기 위해

검증받아야 하는 틀이 있는 것이다. 따라서 블록으로 자유롭게 만드는 것도 중요하지만, 제시된 조립 카드를 보고 만드는 것도 필요하다. 그것이 숙련의 기회가 되는 것이다. 자유롭게 그리는 것뿐 아니라 윤곽이 그려진 그림을 색칠하는 작업도 숙련을 위해 필요하다.

여섯째, 재미있게 하자.

아이들이 장난감으로 배우는 수학 놀이를 좋아하는 가장 큰 이유는 지루하지 않고 재미있다는 점이다. 놀이에 몰두하다 보면 어느새 시간이 훌쩍 지나가고 아이는 자연스럽게 수학을 체득한다. 수학에 흥미가 없는 아이도 놀이에 흠뻑 빠지다 보면 자연스럽게 수학적 사고를 하게 된다.

일곱째, 의인화하자.

의인화를 통한 놀이도 창의력의 기반이 된다. 아이에게 호돌이와 함께 동물원에 구경 가는 놀이를 하자고 말해보자. "오늘 공원에 놀러 가는데 호돌이는 뭘 입어야 춥지 않을까?"라든가, "호돌이는 공원에서 무엇이 필요할까?" 하는 식으로 질문하자. 아이는 봉제완구의 의인화를 통해 역할을 배우고, 역할 놀이를 통해 문제 해결력이나 창의력이 싹튼다.

여덟째, 반복하라.

반복이 창의력을 죽인다는 일반적인 생각은 잘못된 것이다. 놀랍게도 반복은 창의력을 기르는 기반이 된다. 다양성 교육은 반복 훈련의 다음 순서로 와야 한다. 숙련되지 않은 창의력은 일회성의 독특함에 불과하다. 책도, 음악도, 미술 놀이도 반복하라. 그런 다음 자발적인 동기에 따라 한 가지씩 추가하라.

주변의 수많은 정보와 요구와 제안 들은 개의치 말자. 그림책을 아이가 파악할 때까지 50번이고 100번이고 끊임없이 반복해서 읽어주라. 음악도 아이에게 너무 다양한 곡을 들려주려 하지 말자. 아이나 부모가 좋아하는 음악을 같이 반복해서 들으면서 음악을 익혀야 한다.

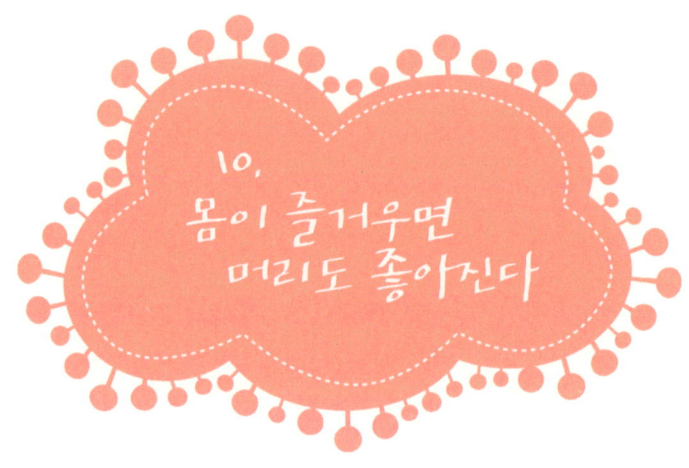

10. 몸이 즐거우면 머리도 좋아진다

신체 놀이는 기억력과 집중력을 높인다

신체 놀이는 뇌와 어떤 관계가 있을까? 운동은 아이들의 머리를 좋게 만들어준다. 흔히 좋은 머리는 타고난다고 생각하지만 생활 습관만 바꿔도 머리가 좋아질 수 있다. 과학 전문지 〈뉴사이언티스트〉는 좋은 머리는 운동, 음식, 수면 같은 생활 습관에서 나오고 1주일에 3번, 30분씩만 운동을 해도 학습력과 집중력이 15% 정도 좋아진다는 연구 결과를 발표했다. 즉 운동을 하면 BDNF(두뇌신경촉진인자)라는 물질이 늘어나 기억력과 집중력이 높아지고 머리가 좋아지고 자신감도 키워준다.

운동은 기억력 발달에도 좋다. 운동을 하면 관련 중추인 소뇌를 지속적으로 자극하면서 뉴런이 활성화되기 때문이다. 또 운동 기능 향상에 따른 행동 능력 발달은 인지력 상승으로 이어진다. 예컨대 달리기를 많이 한 쥐는 전혀 하지 않은 쥐보다 신경세포성장인자가 훨씬 많이 증가하는 것으로 나타난다.

아침마다 운동을 한 아이는 맑은 정신으로 놀이에 빨리 몰입하며, 감정 표현도 잘하고 생동감이 넘친다. 반면 그러지 않은 아이는 과제에 몰입하는 데 더 많은 시간이 걸린다.

운동이 엔도르핀과 도파민을 활성화한다는 연구 결과는 아주 많다. 또한 운동은 스트레스 화학물질인 에피네프린, 노르에피네프린, 코르티솔 수치를 낮춘다.

그렇다면 아이들에게는 어떤 운동이 좋을까? 유산소 운동이 무산소 운동보다 효과적이다. 걷기, 계단 오르기 등을 통해 운동을 많이 한 아이들일수록 기억력이 좋고, 기억력과 관계가 깊은 대뇌피질이 두섭다고 한다. 또한 혼자 운동하는 것보다 부모나 또래 아이와 같이 운동하는 것이 효과적인데, 운동을 통한 신체 접촉이 시상하부에서 옥시토신을 분비시켜 유대감을 증진시키기 때문이다.

물론 운동을 무조건 많이 한다고 좋은 것은 아니다. 운동을 많이 하게 되면 피로가 쌓이고 스트레스로 이어져 오히려 뇌 발달에 나쁠 수도 있다. 또 운동을 많이 하면 뇌에서 나오는 베타엔도르핀의 쾌감 때문에 체력이 바닥날 때까지 운동을 하기도 하는데, 뇌 발달에는 바람직하지 않다.

재미있는 신체 놀이는
정서적 안정과 창의력을 키운다

적당한 운동은 집중력과 침착성을 높이고 충동성을 낮추며, 뇌 혈류량과 두뇌신경촉진인자를 증가시킨다. 뇌 발달의 기제에는 기억, 집중, 사고, 논리 추론 등의 인지 기능적 요소뿐 아니라 신체 활동에 따른 신경생리학적 변화, 감정 반응에 따른 정서 상태의 인식 및 조절 능력이 크게 작용한다.

아이의 '정서'는 뇌 발달의 중요한 요소다. 예를 들어 긍정적인 정서는 인지력을 증가시켜 통합을 강화하고, 복잡한 인지적 맥락에도 집중력과 인지적 융통성을 향상시킴으로써 창의력을 높인다. 운동을 통해 적당한 긴장감을 유지하면 변연계가 활성화되고, 내적 동기와 자기 효능감이 높아진다.

신체 놀이의 핵심은 아이들이 운동을 재미있는 놀이라고 생각하고 즐겁게 참여하게 하는 데 있다. 온몸으로 나무나 새, 자동차와 비행기 등 동물이나 탈것을 표현해보는 것도 좋다. 부모가 함께하며 "정말 비행기가 날아가는 것 같네" 하고 추임새를 넣어주면 창의력을 길러줄 수 있다. 공이나 리본, 훌라후프 같은 도구를 이용하는 것도 뇌 발달에 좋다. 도구를 적절하게 이용해서 목적을 달성하는 것은 뇌의 고차원 기능이다.

'건강한 육체에 건강한 정신이 깃든다'라는 말이 있다. 어려운 몸동작도 반복하면 연관된 대뇌피질이 두꺼워지고, 중단하면 그 부위가 천천히 얇아진다. 즉 어려운 몸동작을 담당하는 뉴런이 학습과 경험을 통해 생겨나지만, 중단할 경우 가소성이라는 뇌의 적응력 때문에 퇴화한다. 따라서 운동도 꾸준히 해야 한다는 사실을 알아두자.

25~48개월 월령별 대근육운동 오감육아

■ **25~36개월: 몸을 자유롭게 움직이며 균형 감각을 키운다**

❶ 손바닥 씨름
아이와 50cm 간격으로 마주 보고 서서 양 손바닥을 들면 준비 완료. 시작과 함께 양 손바닥으로 상대방의 손바닥을 밀어 넘어뜨리면 이긴다. 동기 부여를 위해 아이에게 적당히 져주면서 놀이하는 게 좋다. 적절한 순간에 밀어주면서 타이밍을 맞추는 능력을 키운다.

❷ 방석 징검다리
거실 바닥에 아이의 보폭에 맞춰 방석을 띄엄띄엄 몇 개 늘어놓아 징검다리를 만든다. 아이에게 바닥을 딛지 말고 징검다리를 하나하나 밟고 건너갔다 되돌아오라고 한다. 방석으로 징검다리를 놓는 것도 아이가 직접 해보게끔 하자. 노래를 틀어주면 몸의 움직임이 바뀌면서 음악적 타이밍을 인지하고 리듬감이 발달한다.

❸ 신문지 위에 올라가기
신문지를 방 한가운데에 펼쳐놓는다. 신문지를 반으로 접고 신문지 위에 올라가 10초 정도 서 있게 한 후 다시 반을 접는다. 계속 반씩 접어가면서 아주 작아지면 한 발로 서 있도록 유도한다. 다리로 균형을 잡으면서 하체의 근력이 강화된다.

❹ 몸으로 풍선 옮기기
목과 어깨, 무릎 사이, 겨드랑이 등에 풍선을 끼운 채 지정한 자리까지 떨어뜨리지 않고 옮기는 놀이다. 처음에는 한쪽 팔에만 풍선을 끼우다가 점차 익숙해지면 개수를 늘린다. 몸을 이용해 풍선을 옮기면서 신체 조절 능력과 근력, 집중력을 키운다.

❺ 동작 따라 하기
"하나, 둘, 셋"을 외치며 부모가 어떤 동작을 취하면 아이가 그대로 따라 하는 놀이다. 반대로 아이가 동작을 취하고 부모가 따라 하기도 하자. 몸을 움직이거나 동작이 틀리면 진다. 상대방의 동작을 따라 하면서 관찰력을 기른다.

❻ 신문지 공을 빨래통에 넣기
종이테이프를 방바닥에 붙여 출발선을 표시한다. 선에서 조금 떨어진 곳에 빨래통을 두고, 출발선 위에서 신문지 공을 던져 빨래통에 골인시켜보자. 공이 바람에 날리면서 제멋대로 날아가는 모습도 재미있다. 집중력과 근력을 기른다.

❼ 엄마 등 마사지하기
엄마가 바닥에 엎드리면 아이는 엄마 등에 올라서서 왔다 갔다 밟으며 마사지를 한다. 아이는 등에 오르는 순간 균형 잡는 일에만 신경 쓰게 되는데 이 과정에서 스릴을 맛본다. 신체 조절 능력을 키운다.

❽ 그림자밟기 놀이
엄마, 아빠, 아이가 함께 그림자밟기 놀이를 해보라. 서로 쫓고 쫓기면서 한참 즐겁게 뛰어다닐 수 있을 것이다. 아이의 체력과 순발력을 기를 수 있다.

■ 37~48개월: 근력과 지구력을 기른다

❶ 베개 권투
각자 베개를 가지고 상대방을 공격하는 놀이. 5분 정도만 해도 아이들은 녹초가 된다. 오래 놀다 보면 먼지가 많이 나므로 중간 중간 창문을 열어 환기를 한다. 온몸의 근육을 사용하면서 근력과 지구력이 향상된다.

❷ 양말 빨리 벗기
한쪽 발에만 양말을 신은 채 반대편 맨발로 양말을 벗는 놀이. 누가 먼저 양말을 벗

는지 내기하면 재미있다. 집중력과 근력을 키울 수 있다.

❸ 폴짝폴짝 뛰어요
동요 CD를 틀어놓고 침대 위에서 노래에 맞춰 폴짝폴짝 뛰어본다. 원하는 포즈를 취하거나 노래의 리듬에 맞춰 뛰어도 좋다. 레슬링 하듯 뒹굴면서 놀기만 해도 아이들은 매우 좋아한다. 다리를 움직이며 대근육이 발달된다.

❹ 신문지 칼싸움
신문지를 돌돌 말아 접착테이프를 붙인 다음 부모와 칼싸움을 한다. 신문지 칼을 들고 상대방의 몸을 정확히 때리면 이기는 놀이다. 신체 조절 능력과 집중력을 기른다.

11. 양손 놀이로 좌우 뇌를 모두 발달시켜라

왜 아이는 한쪽 손을 다른 손보다 많이 쓸까?

아기는 손으로 무언가를 잡기 시작하면서부터 대부분 양쪽 손을 같이 사용하고, 24개월이 되면 한쪽 손을 더 많이 사용하며, 25~48개월이 되면 뚜렷하게 한쪽 손을 많이 쓰게 된다. 물론 아기가 12개월 전에 한쪽 손만을 내밀거나 하기도 하는데 변화가 많은 때라 특별한 의미는 없다. 이런 아기들 대부분은 나중에 오른손잡이가 된다.

또 12~24개월경에 왼손잡이였으나 자라면서 오른손잡이로 바뀌는 경우도 있다. 그러므로 5세 이후에야 왼손잡이인지 오른손잡이인지가 분명해진다.

오른손잡이가 되는 것이나 왼손잡이가 되는 것은 선천적으로 결정된 것이지, 부모가 어느 손을 더 많이 사용하도록 유도해서 바뀌거나 하지는 않는다. 아이의 뇌는 이미 오른손잡이 또는 왼손잡이로 사전에 입력되어 있다. 왼손잡이는 타고나는 것이 대부분이며, 오른손잡이 부모의 자녀 중 75%가 오른손잡이가 된다. 아빠가 왼손잡이면 아들도 왼손잡이일 확률이 높다.

한쪽 손을 다른 손보다 많이 쓰는 이유는 알려지지 않았다. 일부 곤충을 포함해서 대부분의 동물들은 어느 한쪽 손을 더 많이 사용한다. 엄마 자궁에 있을 때 태아는 오른쪽을 약간 더 선호한다. 아마도 뇌에서 나오는 신경이 신체의 왼쪽보다는 오른쪽으로 더 많이 흐르기 때문일 것이다.

10명의 아이 중 1명이 왼손잡이이고, 그중 절반이 실제로는 양손잡이다. 남자아이가 여자아이보다 왼손잡이가 많다.

양손을 다 사용할 수 있는 아이가 유능하다

그렇다면 어느 손을 더 많이 쓰는가에 따라 아이의 창의력이나 지능이 달라지는 것일까? 쌍둥이, 운동신경이 둔한 아이, 뇌전증 환아, 발달장애아, 영재 중에는 왼손잡이가 많다. 또 왼손잡이가 오른손잡이보다 학습장애 등이 올 확률도 많은데, 태어날 때 스트레스나 발달장애 등을 입어서 왼손잡이가 되는 경우가 있기 때문으로 짐작된다.

하지만 모든 왼손잡이에게 미세한 뇌 손상이 있다는 주장은 틀린 이야기다. 평균적으로 위대한 인물 중에는 왼손잡이가 더 많다. 특히 예술 분야에서는 왼손잡이의 활약이 두드러진다. 이 분야에 우뇌가 발달한 사람이 많기 때문이다.

대부분의 왼손잡이는 오른손잡이로도 아무 문제가 없다. 특히 한쪽 손만을 쓰는 일은 거의 없다. 글씨 쓰기, 가위로 자르기와 같은 학습을 통해 이루어지는 기술은 남녀를 불문하고 오른손잡이나 왼손잡이의 차이가 없다. 양쪽 손을 다 사용할 수 있는 아이는 한쪽 손을 사용하는 아이보다 유능하다. 사실 한쪽 손의 동작이 미숙하다면 다른 쪽 뇌의 이상과 연관이 있는 경우도 있으니 잘 살펴야 한다.

요즘은 양쪽 뇌를 발달시키기 위하여 양손 놀이를 강조하는 교육이 관심을 받고 있다. 그러나 두뇌 발달은 양손 놀이를 한다고 해서 되는 것이 아니다. 다양한 신체 자극과 놀이가 아이들의 호기심을 자극하고 뇌에 자극을 주어야만 가능한 것이다. 그러므로 어떤 놀이라도 부모가 어떻게 유도하는가에 따라 달라진다는 사실을 알아야 한다. 다양한 자극으로 우뇌가 발달하면 좌뇌도 자연스럽게 발달하면서 창의력과 사고력이 높아지기 때문이다.

우뇌 발달을 위한 놀이

레오나르도 다 빈치는 회화, 조각 등 상상력과 창의력을 담당하는 우뇌와, 수학, 과학, 의학, 건축 등 분석력과 논리력을 담당하는 좌뇌가 모두 발달한 예술가다. 특히 그의 〈모나리자〉, 〈최후의 만찬〉 등 뛰어난 예술 작품은 우뇌 발달과 깊은 관계가 있다. 우뇌는 그림이나 음악 감상, 스포츠 활동으로 발달되며 상황을 직관적으로 파악하는데, 레오나르도 다 빈치는 우뇌를 사용하여 자신의 예술적 영감을 발휘한 것이다. 또한 우뇌가 발달하면 예체능이나 추상적 사고, 공간 인식 능력, 창의력 등이 뛰어나다. 우뇌 발달을 위한 몇 가지 시도를 살펴보자.

첫째, 신체의 왼쪽을 많이 사용하게 하라.
왼쪽의 감각은 우뇌로 가기 때문이다. 따라서 왼손으로 양치질하기, 전화 받기, 머리 빗기 등을 해보자. 왼발로 공차기 등을 하는 것도 좋다.

둘째, 시선이 왼쪽으로 향하도록 하라.
장난감을 왼쪽에 배치해 시선이 왼쪽을 향하도록 하는 것이다. 그림책도 왼쪽에 두어 책장을 쥐거나 넘길 때 왼쪽 손을 많이 사용하도록 하자.

셋째, 변화가 많은 퍼즐 놀이를 제공하자.
우뇌는 낯선 환경을 접할 때 감정을 조절한다. 손놀림 놀이를 할 때도 낯설지만 새로운 것을 지속적으로 시도하자. 퍼즐도 변화를 주어서 제시하자.

넷째, 책장을 빨리 넘겨 그림책을 보자.
일정한 시야에서 한 번에 들어온 자극을 흡수하면 공간 지각 및 추리력을 높일 수 있다.

다섯째, 손놀림 놀이를 할 때 클래식 음악을 자주 들려준다.
안정된 소리 파장이 우뇌와 관련된 뇌신경을 자극한다.

좌뇌 발달을 위한 놀이

인체 비례, 원근법 등의 분석적이고 논리적인 원리는 좌뇌가 만든다. 그래서 좌뇌가 발달하면 숫자나 문자의 이해, 언어 구사 능력, 조리에 맞는 사고 능력이 뛰어나다.

첫째, 반복이 필요한 손놀림 놀이를 시키자.
아는 것을 토대로 반복하면서 복잡한 것을 단순화해서 쉽게 문제를 해결할 수 있다.

둘째, 블록 쌓기를 하게 하자.
블록 놀이는 시간 개념 및 분석 기능이 부족한 아이들에게 순차적인 개념을 길러줄 수 있다.

셋째, 숫자와 기호를 이용한 손놀림 놀이를 시키자.
숫자와 기호에 대한 이해를 키워주면 문제를 통합하고 이해하는 능력까지 향상시킬 수 있다.

넷째, 그림책을 읽을 때는 손가락으로 짚게 하자.
특히 기억력이 부족해서 글자를 빼놓고 읽는 아이는 시간을 가지고 손가락으로 하나하나 짚어가면서 읽는 것이 좋다.

다섯째, 손놀림을 숙련시킬 수 있는 놀이를 하게 하자.
밑그림 색칠하기나 섬세한 그림을 가위로 오리기 등 반복과 숙련된 경험이 요구되는 손놀림 놀이는 분석적이고 논리적인 사고력을 키운다.

〈왼손잡이 아이는 어떻게 할까?〉

왼손잡이에 대한 부정적 시각 때문에 억지로라도 아이를 오른손잡이로 바꾸려는 부모도 있다. 아이가 왼손잡이로 태어났다면 왼손잡이로 사는 게 최선이다. 다만 환경 때문에 왼손잡이로 사는 게 심리적으로 힘들다면 글씨 쓰는 것 또는 밥 먹는 것까지만 오른손을 사용하고 나머지는 왼손으로 하는 것도 좋다.

왼손잡이로 태어난 아이가 양손잡이로 바뀌는 건 쉬운 일이 아니다. 왼손의 힘이 세고 편해서 오른손을 쓰는 것이 그만큼 힘들고 불편하다. 아이가 성격상 쉽게 순응하는 것처럼 보여도 마음속에서 갈등이 생길 수 있다. 아이가 심하게 거부하기도 하므로, 시도해보고 안 되겠다 싶으면 그냥 놔두는 것이 좋다. 필요하면 교사에게 양해를 구하거나 해서, 아이가 왼손잡이라는 사실 때문에 자존감에 문제가 생기지 않도록 도와주자.

첫째, 한글의 특성상 왼손으로 쓰면 먼저 쓴 글씨가 가려진다는 것을 실제로 보여주라. 옆의 아이와 부딪혀서 문제가 생길 수 있다는 것도, 엄마가 아이 왼쪽에 앉아서 시범을 보여주라.

둘째, 오른손의 힘을 기르기 위해 어려서부터 준비하자. 글씨를 쓰려면 손가락 힘만 중요한 게 아니라 팔 근육 힘도 중요하다. 아이가 글씨 쓰는 연습을 시작하기 1~2년 전부터 오른손과 팔의 힘을 기를 수 있는 놀이를 하거나 심부름을 시키자.

셋째, 너무 일찍 쓰기를 강요하지 말라. 왼손잡이라서 오른손에 힘이 없고 글씨를 예쁘게 쓰지 못하는 것이 아니라, 너무 어려서 쓰는 것 자체가 힘든 경우가 더 많다.

넷째, 노력해보고 바꿀 수 없다면 있는 대로 받아들이고 인정해주자. 세상의 부정적인 시각보다 부모 안의 부정적인 시각, 염려하는 마음이 아이를 더 위축시킬 수 있다.

25~48개월 월령별 소근육운동 오감육아

■ 25~36개월: 손놀림으로 문제를 해결한다

가르쳐주지 않아도 노래하고 춤추고 그림을 그리는 때다. 다루기 쉬운 리듬악기나 그림을 그릴 수 있는 굵고 선명한 크레용 등이 좋은 장난감이다. 역할 놀이를 할 수 있는 시기이므로 소꿉놀이나 미니어처 등이 도움이 된다.

25개월부터는 여러 가지 자극을 매우 적극적으로 받아들이고 즐거워한다. 주변 사물에 대한 호기심이 최고조에 이른다. 특히 손과 눈, 손가락 간의 협응이 모두 가능하므로 색칠하기, 모양 따라 그리기, 블록 놀이와 퍼즐 놀이, 종이를 자르거나 접기, 찰흙 놀이 등으로 손놀림이 발달한다.

이 중 블록 놀이와 퍼즐 놀이는 눈과 손의 협응력뿐 아니라 블록이나 퍼즐을 집고 놓는 손의 조절 능력, 감각 인지 발달의 변별력 등을 요구한다. 그리고 색칠하기는 연필이나 크레용을 잡을 수 있는 힘이 생기면서 긁적거리는 것부터 시작해서 점차 형태가 있는 그림을 그리고, 원하는 대로 색칠할 수 있게 되는 과정을 거친다. 처음에는 낙서를 하더라도 방향이 없이 마구 하다가, 팔꿈치를 움직여서 좌우로 낙서를 하게 되고, 손목과 손가락 관절을 이용하게 되면 상하로 낙서할 수 있다.

이제는 아이 혼자 해결할 수 있는 일도 제법 있으니, 일정 부분 아이 혼자 할 수 있는 여지를 두는 것이 중요하다. 예컨대 단추 풀기, 양말 벗기, 지퍼 내리기, 치마나 바지 벗기 등을 아이 스스로 하도록 해서 소근육 발달을 돕고 생활 습관도 형성시키자.

■ 37~48개월: 마음대로 표현하게 하자

비교적 형태를 갖춘 그림을 그리는 시기는 생후 30개월 무렵이며, 만 3세 이후부터는 나름대로 형태가 있는 그림을 그리게 되고, 만 4세가 넘어서면 설명이 없어도 알아볼 수 있는 그림을 그리기 시작한다.

아직 원이나 직선 정도만 그릴 수 있지만 사람을 그리라고 하면 동그라미와 점, 직선을 이용해서 마치 흑점이 있는 태양 같은 모습으로 그려놓기도 한다. 그림 그리기는 아이의 인지 능력을 비롯해 심리 상태를 엿보는 단서가 될 수도 있으므로, 부드러운 크레파스와 잘 그려지는 펜을 주고 마음껏 낙서할 기회를 자주 주자.

종합적인 사고와 정서적 안정의 기초를 다지고 관계를 통한 학습이 중점적으로 이루어지는 시기다. 대근육운동이나 소근육운동도 발달한다. 이 시기에는 운동 발달을 위한 놀이뿐 아니라 아이의 사회성이나 자아 존중감을 발달시키는 교육이 필요하다. 언어 발달도 급격히 이루어지므로 언어 교육도 이루어져야 한다.

창의력이 팡팡! 오감육아 포인트

25~48개월 월령별 실천편

25~30개월 오감육아 포인트

아이는 사물의 관계를 통찰하고, 도구로 자기 욕구를 만족시킬 수 있을 정도로 사고력이 발전한다.

일상생활에서 수를 자주 접하게 하자. 신발의 짝을 찾거나, 아이가 좋아하는 사탕이나 과자 등을 이용해 수 개념을 익히면 더욱 효과적이다. 그림자 붙이기, 모양 만들기, 컵 쌓기, 롤러코스터, 촉감판, 숨은 그림 찾기, 끈 끼우기, 비밀 상자 등 색깔이나 모양이 매력적이며, 쉽게 조작할 수 있는 장난감이나 놀이를 제공하자. 질문하는 것도 중요한데, 블록을 쌓아서 계단을 만들 수 있는지, 큰 원과 작은 원을 줄 세울 수 있는지 등을 물어보고 아이가 생각할 시간을 주자.

〈25~30개월 아이의 발달 과정〉

운동 발달(M)
- 차기와 던지기가 익숙해진다.
- 계단을 내려올 때 아직도 두 발을 한 칸에 착지하고 다음 칸으로 옮겨간다.
- 계단에 올라가는 것은 거의 문제가 없어진다.
- 발돋움해서 설 수 있다.
- 달리기에 많이 익숙해진다.

- 계단 맨 아래 칸에서 두 발로 뛰어내린다.
- 큰 물건이나 장난감을 쉽게 다룰 수 있다. 물론 장애물을 자유자재로 피해 가지는 못한다.

인지 발달(C)
- 사진 속에 찍힌 자기 모습을 알아볼 수 있다.
- 그림 속에서 미세한 부분을 찾는 걸 즐긴다.
- 그림 그릴 때 왼손잡이와 오른손잡이가 거의 확실하게 구분된다.
- 세 손가락을 사용해서 연필을 잡는 데 익숙해진다.
- 동그라미나 선을 잘 따라 그릴 수 있다.
- 블록을 7층까지 쌓을 수 있다.

언어 발달(L)
- 말이 자유롭게 나오지 않고 더듬거리는 것을 매우 불편하게 생각한다.
- 나와 너를 구분할 수 있다.
- 작은 장난감들을 갖고 놀면서 혼잣말을 자주 한다.
- 200단어 정도를 말할 수 있다.
- 항상 "지금 뭐 해요?", "누구예요?" 같은 질문을 한다.
- 자기 이름을 제대로 말할 수 있다.
- 놀면서 자기가 뭐 하는지 얘기할 수 있다.
- 좋아하는 이야기를 즐겨 듣는다. 아직도 메아리처럼 말을 따라 한다.

1. 운동 발달을 위한 놀이

첫째, 균형 감각이 중요하다.
신문지를 반으로 접고 신문지 위에 올라가 10초 정도 서 있게 한 후 다시 반을 접는다. 계속 반씩 접어가면서 아주 작은 직사각형이 되면 한 발로 서 있도록 유도한다.

머리에 종이컵을 쓰고 방 안을 돌아다니며 균형 감각을 익히게 하라. 중심을 잡아 컵을 떨어뜨리지 않고 걸어가 부모에게 안기게 하라.

둘째, 거리를 예측하여 던져보자.
빨래통에서 조금 떨어진 곳에서 옷을 던져 빨래통에 골인시켜보자. 신 나게 던지게 하라. 옷이 바람에 날리면서 제멋대로 날아가는 모습도 재미있다. 빈 페트병을 10개 준비해 한쪽에 세우고 서너 걸음 떨어진 곳에서 아이가 공을 굴러 병을 쓰러뜨리도록 하고, 잘하면 거리를 좀 더 늘려보며 쓰러뜨린 병을 세면서 숫자를 익힌다.

2. 인지 발달을 위한 놀이

첫째, 섬세한 소근육운동을 발달시키자.
셔츠나 블라우스 등에 큰 단추가 있다면 단추를 꿰었다 풀었다 하는 놀이를 해본다. 부모가 먼저 천천히 단추를 풀고 다시 천천히 꿰는 과정을 보여주면서 "단추를 풀었네", "단추를 꿰었네"라는 말을 반복해서 들려준다. 여러 가지 모양과 크기의 단추와 털실을 준비한다. 아이와 함께 털실에 단추를 꿰어 팔찌와 목걸이를 만들어본다. 단추를 털실에 끼우면서 소근육운동 협응이 발달한다.

둘째, 논리수학을 자극하는 놀이를 하자.

같은 모양 맞추기를 할 수 있는 장난감을 주고 맞는 모양을 끼우게 해서 도형을 구별하도록 하자. 장난감을 서로 비교함으로써 크다/작다, 가볍다/무겁다, 길다/짧다 등의 기초 수학 개념을 가르칠 수 있다. 햇살 아래서 돌, 막대기, 자신의 그림자를 보게 하라. 그림자끼리 악수도 하라. 손가락으로 여러 가지 모양의 그림자를 만들어 보여주자.

셋째, 인형놀이를 하자.

아기 때부터 10대까지 인형은 놀이의 중심에 있다. 아이는 이 중요한 친구를 안고, 쥐고, 말을 하면서 계속 논다. 또는 욕조 안팎에서 인형을 씻기기를 좋아한다. 아이들은 인형을 통해 사회화와 배려, 감정의 해소를 익히게 된다. 그리고 인형은 다양한 단계의 아이들 사이에서 창의적으로 놀도록 자극한다.

3. 언어 발달을 위한 놀이

아이가 단어에 친숙해지도록 책상이나 거실 소파, 주방의 냉장고 등에 사물 카드를 만들어 곳곳에 붙여둔다. '보기 → 말하기 → 듣기'가 한꺼번에 이루어져 언어 자극이 확장되고, 각종 사물의 이름 맞히기가 가능해 어휘 수를 늘릴 수 있다.

31~36개월 오감육아 포인트

 아이들은 종종 자신에게 흥미 있는 것은 나누기를 거부하고, 자신이 좋아하는 인형이나 물건을 놀이 친구가 알지 못하면 쉽게 어울리지 못한다. 그래서 이 시기에는 다른 아이와 함께 어울리게 해서 사회성을 길러주는 것이 필요하다. 아이는 점점 양보하고 해결하는 방법들을 서서히 배우게 된다.

〈31~36개월 아이의 발달 과정〉

운동 발달(M)
- 잠깐 동안 한 발로 중심을 잡고 설 수 있다.
- 발끝으로 걸을 수 있다.
- 쉽게 장애물을 피하거나 돌아서 갈 수 있다.
- 세발자전거의 페달을 밟을 수 있고, 자전거의 방향 전환을 잘할 수 있다.
- 팔을 머리 위로 올려서 공을 던질 수 있고, 팔이나 손을 사용해서 서투르게나마 공을 받을 수 있다.
- 힘 있게 공을 찰 수 있다.
- 상당히 큰 장난감을 안고 어른들처럼 계단을 올라갈 수 있다.
- 책상다리를 하고 바닥에 앉을 수 있다.

인지 발달(C)
- 공간지각력이 좋아진다.

─색의 이름을 말할 수 있게 되지만 가끔 파란색과 녹색을 헷갈린다.
─블록을 9층까지 쌓을 수 있고, 다리처럼 아래가 빈 형태로 쌓을 수 있다.
─그리기를 좋아하나 식별이 가능한 그림은 아직 그리지 못한다. 그린 다음 뭘 그렸는지 결정한다.
─아이용 가위를 사용할 수 있다.
─연필을 똑바로 움켜쥘 수 있다.
─사람의 머리를 그린다. 좀 이상한 모양으로 그릴 때가 많다.
─동그라미나 모양을 따라 그릴 수 있다.

언어 발달(L)
─꼬치꼬치 캐묻는 버릇이 생긴다.
─자기 이름, 나이, 성별을 이야기할 수 있다.
─숫자를 10까지 말할 수 있으나, 실제로는 3개 정도만 셀 수 있다.
─이해가 가능한 문장으로 이야기할 수 있지만, 아직 어린아이 특유의 발음으로 얘기한다.
─다른 사람과 간단한 대화를 나눌 수 있다.
─혼잣말로 역할 놀이를 하기 시작한다.
─좋아하는 이야기 듣기를 반복한다.
─좋아하는 노래 가사를 더 많이 외울 수 있고, 음을 붙여 노래를 하기도 한다.
─너, 나, 우리, 그 등의 대명사를 이해하고 사용할 수 있다.
─말에 문법적인 오류가 많다.

1. 운동 발달을 위한 놀이

<u>첫째, 야구 놀이를 하자.</u>
신문지를 돌돌 말아서 신문지 방망이를 만든다. 그리고 신문지를 구겨서 공을 만든 뒤 야구 놀이를 해본다. 대근육이 발달되고, 순간 집중력을 기른다.

<u>둘째, 균형을 잡는 놀이를 하자.</u>
카펫 위에 방석이나 베개를 띄엄띄엄 몇 개 놓는다. 카펫은 바다이고 베개는 섬이라고 상상케 한다. 아이에게 바다에 빠지지 않고 이 섬에서 저 섬으로 점프하며 건너오게 한다. 풍선을 불어 아이의 무릎 사이에 끼운 다음 풍선을 떨어뜨리지 않고 앞뒤로 걸어보게 한다. 앞으로, 뒤로 점프하게 한다.

2. 인지 발달을 위한 놀이

<u>첫째, 소근육운동을 발달시키자.</u>
아이가 두 손을 소라 모양으로 만들게 한 뒤 부모는 "보리~ 보리~ 쌀!" 하면서 주먹을 넣었다 빼기를 반복한다. 아이가 손을 오므렸다 폈다 하면서 소근육이 발달한다.
볼이 오목한 접시와 컵, 숟가락을 준비한다. 컵의 물을 숟가락으로

떠서 접시에 옮기는 동안 흘리지 않도록 주의한다. 이 놀이를 통해 아이는 집중력과 손의 힘을 조절하는 능력을 기르고, 손과 눈의 협응이 발달한다.

둘째, 자연 현상을 이용해서 놀이하자.

블록을 길게 세워 도미노를 만든 후 입으로 훅 불거나 조금 떨어진 곳에서 공을 굴려 도미노를 넘어뜨리게 하라. 도미노는 재미있는 자연 현상으로 과학적인 통찰력을 키워준다. 아이는 도미노가 줄줄이 쓰러지는 걸 재미있어한다. 엄마, 아빠, 아이가 함께 그림자밟기 놀이를 해 보라. 서로 쫓고 쫓기면서 한참 즐겁게 뛰어다닐 수 있을 것이다. 아이의 체력과 순발력을 기를 수 있는 놀이다.

셋째, 놀이를 통해 비교, 분류 개념을 익히자.

비교, 분류 개념이 상당히 형성되므로 자연스럽게 놀이를 통해 수 개념을 익힐 수 있다. 서랍에서 양말들을 모두 꺼내 섞어놓고, 색깔별로 양말들을 구분해 서랍에 도로 넣게 한다. 아이는 양말의 색깔에 따라 또는 크기나 모양에 따라 분류하며 한동안 즐겁게 시간을 보낼 것이다.

넷째, 그림을 통해 자신을 표현하게 하자.

36개월이 되면 동그라미 안에 눈, 코, 입을 그려 넣어 사람 얼굴을 그리게 된다. 거기에 눈썹이나 머리카락, 귀 등을 첨가하는 것은 4세쯤 가능하다. 4세가 되면 아이의 그림에 이야기가 곁들여지기 시작한다. 예를 들면 부모와 함께 버스를 타고 동물원에 놀러 가는 광경을 그림으로 표현해보고 싶어 하는 것이다.

다섯째, 역할 놀이로 사회성을 길러주자.

다른 아이와 함께 어울리게 해서 사회성을 길러주는 것이 필요하다. 아이는 점점 양보하고 해결하는 방법들을 배우게 된다. 아이가 3세가 되면 아이의 상상력과 '~인 체'하는 시도가 놀이에서 중요해진다. 아이들은 엄마, 아빠, 의사처럼 가까운 사람들의 역할을 흉내 내면서 좋아한다. 이렇게 아이들은 새로운 인물들을 창조하는 것에 흥미를 느끼므로, 의상과 모자, 신발, 가방, 헝겊 등 여러 가지 소품을 넣은 '소품 상자'를 만들어주면 좋다. 소꿉놀이도 좋다. 역할과 하는 방법을 둘러싸고 친구들과 말다툼을 하기도 하지만, 마침내 합의점을 찾아 즐겁게 소꿉놀이를 시작한다. 소꿉놀이는 상상력을 키워줄 뿐 아니라 사회성 발달에도 도움을 준다. 이런 역할 놀이는 5세 이후에도 계속되는데, 이 놀이는 아이의 정체성을 확립해주고 다른 사람에 대해 감정을 이입할 수 있도록 한다.

3. 언어 발달을 위한 놀이

첫째, 상징체계를 이해할 수 있는 시기이므로, 사물과 대응을 이루는 문자가 있다는 것을 이해시키는 것이 우선이다.

둘째, 그림책을 읽어주자.

책을 계속 읽어달라고 할 때는 원하는 대로 읽어주는 게 좋다. 그러면 아이가 자신의 인형에게 책을 '읽어주는' 것을 보게 될 것이다. 아이가 좋아하는 인형이나 장난감에 맞추어 책을 구입하고 이야기 속의 등장인물과 놀면서 이야기를 듣게 하는 것도 고려해볼 만하다.

37~48개월 오감육아 포인트

종합적인 사고와 정서적 안정의 기초를 다지고 관계를 통한 학습이 중점적으로 이루어지는 시기다. 대근육운동이나 소근육운동도 발달한다. 이 시기에는 운동 발달을 위한 놀이뿐만 아니라 아이의 사회성이나 자아 존중감을 발달시키는 교육이 필요하다. 언어 발달이 급격히 이루어지므로 언어 교육도 해야 한다.

아이는 이 시기에 가장 많은 일을 기억할 수 있다. 이 1년 사이에 어휘가 900~1,000개 정도 증가하지만, 이 숫자는 아이의 지능과 환경에 의해 크게 영향을 받는다. 간단한 수 개념이 있고 계산도 할 수 있으므로 수에 대한 개념을 가르칠 필요가 있다. 원하는 것을 아직 제대로 그리지 못해도 그림 그리는 시간을 할애해주어야 한다. 협동 놀이와 역할 놀이를 잘할 수 있는 시기이므로 친구들과 놀면서 배울 수 있는 기회를 많이 만들어주어야 한다. 필요하면 학습 프로그램이나 교육기관의 도움을 받아도 좋다.

〈37~48개월 아이의 발달 과정〉

운동 발달(M)
- 다리를 편 채로 허리를 숙여 장난감을 주울 수 있다.
- 사다리를 사용할 수 있고 나무에 기어 올라갈 수 있다.
- 공놀이에 익숙해진다. 던지기, 받기, 차기가 능숙해지고 공을 바닥에 튀기는 것이 가능해진다.
- 세발자전거를 아주 능숙하게 탈 수 있다.
- 계단을 어느 정도 빠르게 뛰다시피 하며 올라갈 수 있다.
- 발끝으로 뛸 수 있다.
- 장애물을 고려하며 주위를 뛸 수 있고, 코너를 민첩하게 돌 수 있다.
- 다리를 꼬고 앉을 수 있다. 깡충깡충 뛰어다닐 수 있고, 한 다리로 균형 잡고 서 있을 수 있다.

인지 발달(C)
- 연필을 제대로 쥐고 꽤 자유롭게 다룬다.
- 집을 그릴 수 있다.
- 사람을 그릴 때 머리, 몸통, 팔다리를 그릴 수 있고, 손가락도 거의 표현할 수 있다.
- 그리기 전에 뭘 그릴까 먼저 생각하고 그리기도 한다.
- 10층 이상의 블록을 쌓을 수 있으며, 6개 정도의 블록으로 만든 모양을 따라 쌓을 수 있다.
- O, X 모양을 따라 그릴 수 있다.

―기본적인 색들을 알고 있다

언어 발달(L)
―"그건 뭐예요?"와 같은 질문을 항상 한다. 모든 것에 대해 꼬치꼬치 캐묻는다.
―농담을 하기 시작하고 좋아한다.
―중편 정도의 이야기를 좋아하며, 이야기를 지어서 하기도 한다. 현실과 가상을 혼동하곤 한다.
―문법이 비교적 정확해진다.
―4~5개의 수를 셀 수 있다. 숫자는 20까지 이야기할 수 있다.
―노래를 여러 곡 부를 수 있고, 자기의 이름, 나이, 주소를 말할 수 있다.
―다른 사람과 이야기한 마지막 내용을 기억해서 말할 수 있다.

1. 인지 발달을 위한 놀이

첫째, 섬세한 소근육운동을 발달시키자.
젓가락을 들고 블록, 인형 등 부피가 큰 물건부터 점점 부피가 작고, 얇은 것까지 서두르지 않고 천천히 집어보게 하며, 부모도 젓가락을 들고 흥미를 유발시켜주어라.

둘째, 자연 현상을 이용한 놀이를 하자.
책받침을 아이가 입고 있는 옷에 문지르고 곧바로 종잇조각이나 아이의 머리에 가져가면 책받침에 달라붙는다. 아이가 난생처음 마찰에

의한 정전기를 구경하는 순간이다. 유리컵에 물의 양을 각각 다르게 담고 컵의 윗부분을 숟가락으로 가볍게 두드리게 한다. 컵마다 다른 소리가 나는 것을 관찰하게 한다. 자신만의 멜로디를 만들게 해본다.

셋째, 주제에 따라 그림을 그리게 하자.
주제에 따라 확실한 윤곽을 가진 그림을 그릴 수 있게 된다. 무의식적인 긁적임에서 벗어나 사실을 표현할 수 있고, 그려진 것과 실제 대상과의 관계를 발견하는 시기다. 생활 속에서의 여러 가지 체험이 아이의 감성과 창의력을 키울 수 있다. 펜이나 연필 외에 색연필이나 물감 등 다양한 도구들을 이용해 생각이나 사물을 표현하게 하고, 스스로 그 차이점을 느낄 수 있도록 한다.

넷째, 협동 놀이와 역할 놀이를 하게 하자.
4세 아이는 친구들과 함께 있을 때 편안함을 느끼며, 서로 싸우거나 의견이 달라도 짧은 시간 안에 좋은 관계를 회복한다. 또 장난감이나 놀이를 공유하며, 순서를 지키고, 새로운 친구를 받아들이는 상호 협력을 이해하게 된다. 따라서 다른 사람과 함께 있을 때도 이전보다 훨씬 사회적으로 허용된 방식으로 행동한다.

옷 차려입기에 관심을 가지며 놀이용 옷, 천, 모자를 갖고 싶어 한다. 또한 '상점', '집', '여행' 등의 테마로 다른 아이들과 함께 연기하는 것을 즐거운 놀이로 이해한다. 단체 놀이를 하려고 다른 아이들을 따르기도 하는데, 이 시기는 함께 놀 수 있는 학습 프로그램이나 교육 기관이 아이들에게 매우 유용하다.

다섯째, 수학 교육을 하자.

사물의 공통점과 차이점을 설명하는 놀이로 수학적 사고력을 길러 준다. 수학적 개념을 갖게 되면 수학뿐 아니라 언어, 음악, 운동, 과학과 자연스럽게 통합되므로 기초 체력이 된다. 수학에서 발달된 공간지각력은 통문자로 한글을 익히는 데 영향을 끼치고, 규칙성을 익히는 과정은 음악이나 체육 활동에도 도움이 된다. 수학과 친해지게 하는 것이 중요하다.

퍼즐 맞추기(5~10조각), 플라스틱 블록 쌓기, 끈 끼우기, 큰 구슬 옮겨 담기, 지퍼 올리기, 큰 단추 끼우기, 기본 도형 자석돌, 같은 그림 짝짓기, 부분/전체 그림 카드 등의 장난감과 놀이를 제공하자. 거울이나 색안경, 잠망경, 촉감상자, 소리상자, 작은 이형, 화분 등 아이에게 친숙하고 단순한 장난감도 좋다. 아이는 5까지 셀 수 있으므로 본격적으로 수 세기를 가르치자.

2. 언어 발달을 위한 놀이

첫째, 한글 교육을 하자.

그림책을 좋아하고 말놀이를 좋아한다. 상상력이 발달하는 시기여서 판타지류의 동화책을 선호하기도 한다. 그림책과 말놀이로 글자에 관심을 유도한다. 처음에는 엄마가 줄거리에 살을 붙여 아이가 이해할 만큼 설명하는 것으로 시작한다. 다음 단계는 아이와 함께 글자를 짚어가며 동화책을 천천히, 또박또박 읽어서 글자에 집중하도록 한다. 단어 카드를 이용한 한글 교육도 효과적이다.

둘째, 그림책을 읽히자.
책은 아이에게 가장 좋은 친구로 창의력을 끊임없이 자극한다. 가보지 못한 장소, 본 적이 없는 물건, 만나본 적 없는 사람들에 대해 읽으면 상상력도 촉진된다. 또한 아이는 독서를 통해 개념과 기호를 받아들이고, 문제를 분석하고 해결하며, 독자적인 비전을 만들어냄으로써 다재다능한 아이가 될 수 있다.

셋째, 영어 교육을 하자.
비디오를 활용한 영어 교육이 가능하다. 에피소드당 5~10분 정도 길이의 비디오를 반복해 보여주어 아이가 내용을 완전히 익힐 수 있도록 한다. 영어로 어떻게 의사소통하는지를 배우고 정확한 발음도 익힐 수 있다. 이 시기는 우리말에 익숙해져 영어에 대한 거부감이 있을 수 있으므로, 영어가 재미있다는 느낌을 갖도록 배려해야 한다.

25~48개월 월령별 장난감 오감육아

■ **25~36개월**

언어 발달이 빠르고 주변 환경과 사물에 호기심이 왕성해지는 시기. 두뇌 발달과 인격 형성을 위해 신체 활동을 돕는 장난감이 좋다.

- **그림책, 게임 놀이 장난감**: 바른 생활 습관 형성과 언어 발달, 규칙 개념을 익히는 데 도움을 준다.
- **조각판, 블록, 그림 카드**: 숫자, 도형과 색깔 개념, 언어를 익히는 데 도움을 준다. 창의력과 집중력을 키워준다.
- **건반악기나 녹음기**: 다양한 청각, 촉각 자극을 통해 언어 발달을 돕는다.
- **음악 도구**: 오디오 세트, 드럼, 탬버린, 심벌즈, 트라이앵글, 종, 실로폰 등 음악 도구로 자신을 자유롭게 표현한다. 음악 도구는 시간적인 정렬을 익히게 하므로 수학 발달에 도움이 된다.
- **색깔 찰흙**: 아이가 자신의 생각을 표현하면서 상상력과 창의력을 키운다.
- **크레파스**: 낙서를 하고 그리면서 창의력이 커지고, 자신을 표현하는 법을 배운다.
- **소꿉놀이, 병원 놀이, 인형과 인형 소품 등 역할 놀이 장난감**: 협응력을 키워준다.

■ **37~48개월**

책이 아이에게 가장 좋은 친구가 되는 시기이며 체험 교육도 중요하다.

- **블록, 레고, 가베**(독일의 교육학자 프뢰벨이 만든 창의성 놀이 교구) **등**: 사회성과 협응력, 창의력을 길러준다. 쌓거나 부수면서 공간 지각을 배운다. 점토처럼 변형이

가능한 장난감은 구조물을 쌓고, 만들고, 부수는 과정에서 신체 발달과 함께 집중력, 상상력, 창의력, 인지 능력, 입체 구성력이 발달될 수 있다. 블록은 나무나 플라스틱으로 된, 간단하고 함께 잘 어울릴 수 있는 것이 좋다.

- **역할 놀이나 일상생활을 모방하는 장난감**: 인형, 인형의 집, 옷, 소품, 전화, 기차, 트럭, 비행기, 장난감 돈, 병원 놀이, 동물 인형, 소꿉놀이, 목공 놀이 연장 등으로 자신감과 창의성, 사회성이 발달한다. 역할 놀이 소품은 옷, 못 입는 옷들을 담은 옷상자, 커다란 천 조각, 가면, 모자 등이 좋다.
- **미술 재료**: 크레파스, 색연필, 물감, 분필, 칠판 등으로 그림을 그리거나 색칠하면서 자기표현 능력과 창의력을 기른다. 작은 색지로 된 수첩부터 전지의 흰 종이까지 모든 종류의 종이가 다 좋다.
- **다양한 음악 도구**: 오감 발달과 정서 안정에 도움을 준다.
- **수를 가르치는 장난감**: 주사위, 숫자판, 도미노 놀이, 측정 도구, 숫자막대 등은 수학에 대한 호기심과 연산, 지각, 공간 능력을 키운다.
- **신체 놀이**: 그네, 바퀴가 달린 손수레, 사륜마차, 세발자전거, 공, 기어서 통과할 터널, 미끄럼틀 등은 신체 발달에 도움을 준다.

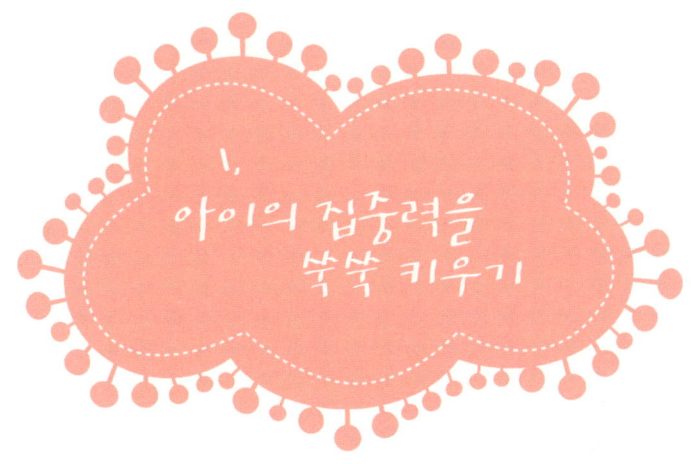

1. 아이의 집중력을 쑥쑥 키우기

　머리가 아무리 좋아도 집중력이 떨어지면 능력을 제대로 발휘할 수 없다. 집중력이란 '한 가지 일에 골몰히는 상태'로 '여러 가지 자극 중에서 중요하다고 생각하는 것에 몰입하는 정신적인 힘'이다. 즉 아이가 어떤 놀이나 과제에 매달려 오랫동안 꾸준히 하는 능력이 집중력이다. 그러나 대부분의 아이는 한 가지에 오랫동안 집중하는 일이 흔하지 않다.

　자신이 좋아하는 놀이라도 24개월 아이는 20초, 36개월 아이는 1분, 48개월 아이는 3분, 5세 아이의 경우 5분 정도가 최대치다. 영유아를 위한 프로그램이 10~15분 안에 일사천리로 마무리되는 것도 다 이런 이유에서다. 물론 아이의 집중력은 사물에 대한 이해 수준과 개개인의 발달 정도에 따라 평균보다 길어지거나 짧아지기도 한다.

아이의 집중력을 키우는 여덟 가지 비결

아이는 무슨 일을 하다가도 새로운 흥밋거리가 생기면 금세 다른 곳으로 관심을 돌리는 일이 많다. 또한 집중력에는 시간이 지나도 특정한 자극에 주의력을 유지하는 지속적 주의력이 있다. 새로운 것을 받아들이고 기억하는 데는 이것이 매우 중요하므로, 부모는 이 지속적 주의력을 높여주도록 애써야 한다. 아이의 집중력을 쑥쑥 키우기 위해서 부모가 집에서 해줄 수 있는 것은 무엇인지 살펴보자.

첫째, 한 번에 한 가지 일만 하게 하라.
집중한다는 것은 주목해서 보고, 귀 기울여 들으며, 촉감과 맛, 냄새를 느끼면서 주의 깊게 생각하는 것이다. 따라서 집중의 비결은 어떤 상황에 완전히 초점을 맞추는 것이고, 집중력을 가장 방해하는 것은 의식의 분산이다. 책을 읽으면서 TV를 보고, 음악을 들으면서 과제를 하는 것은 금물이다. 두뇌는 실제로 두 가지 일을 동시에 하고 있는 순간에도 두 가지에는 집중할 수 없다. 한 번에 한 가지 일에만 전념하게 하라.

둘째, 좋아하는 것을 집중적으로 하게 하자.
아이가 좋아하는 것을 관찰하고 그 분야를 집중적으로 키워준다. 노래 부르기를 좋아한다면 음악과 관련된 놀이나 과제를, 그림 그리기를 좋아하면 미술 활동에 힘을 실어주자. 아이도 자신 있는 것에는 더욱 집중하기 마련이다. 이때 칭찬과 보상도 중요하다. 어떤 과제를 주고 결과물이 나왔을 때 칭찬 스티커를 보상으로 준다면, 아이에게 자연스럽게 동기를 부여할 수 있다.

셋째, 성취감을 느끼게 하라.

책 읽기든 블록 놀이든 하나를 다 완성한 후 다른 놀이로 넘어가는 게 좋다. 만일 블록 놀이나 책 읽기를 중요한 부분만 하고 다른 놀이로 넘어간다면 완성된 경험을 가질 기회가 없어지기 때문이다. 작은 일이라도 완성의 성취감을 느끼지 못하면 끈기도 없고 다시 하고 싶은 마음도 사라진다.

넷째, 비교하지 말고 칭찬하자.

다른 아이와 비교하지 말자. 비교 대상이 되면 문제를 해결하는 것보다 다른 아이의 수준과 부모의 반응에 더욱 신경을 쓰게 된다. 조급하게 다그치기보다 아이가 좋아하고 잘하는 일을 찾아 몰두할 수 있게 해주는 것이 중요하다. 칭찬을 많이 해주는 것도 집중력 향상과 관련이 있다. 칭찬을 하면 아이의 성취감과 기대감이 커지고 어떤 일에 더욱 몰두하게 된다. 포괄적으로 칭찬하기보다 어떤 점을 잘했는지 구체적으로 칭찬해주는 것이 좋다.

다섯째, 시간을 정해놓고 과제를 하게 하라.

과제를 시작할 때 끝낼 시간을 정해두는 것이 좋다. 물론 너무 긴 시간을 배정하면 집중력 향상에 도움이 되지 않는다. 아이가 최대로 집중할 수 있는 시간을 정하는 것이 관건이다. 가능하면 아이 자신이 최대로 집중할 수 있는 시간에, 할 수 있는 양보다 약간 더 많이 수행하도록 하는 것이 효과적이다.

여섯째, 집중이 잘되는 환경을 만들자.
집중력이 높은 사람은 어떤 환경에서든 높은 집중력을 발휘한다. 그러나 아이들은 처한 환경에 따라 집중력이 크게 달라진다. 붉은색 계열보다 푸른색 계열 인테리어가 아이의 집중력을 키우는 데 좋다. 벽지를 푸른 계통으로 바꾼다면 한결 가라앉는 분위기를 연출할 수 있을 것이다. 외부 소음을 줄이기 위해 커튼을 달거나 소음 방지 바닥재를 깔아주는 것도 도움이 된다.

일곱째, 스트레스는 가장 경계해야 할 대상이다.
기억력을 담당하는 해마는 36개월 이후에 급속하게 발달한다. 수십억의 신경세포가 반복과 학습을 통해 연결되며 시냅스를 형성하는데, 이때 스트레스는 금물이다. 시냅스 형성에 치명적이기 때문이다. 스트레스 받지 않고 무엇이든 즐기듯 학습하는 게 매우 중요하다. 놀이를 하든, 학습을 하든 지루하고 힘들어선 안 된다.

여덟째, 집중력을 높이려면 기초 체력부터 키워라.
기초 체력을 다지는 것도 매우 중요하다. 특히 균형 잡힌 아침 식사는 집중력과 기억력, 사고력을 향상시킨다. 인스턴트식품을 멀리하고, 비타민이 풍부한 녹황색 채소와 잡곡밥, 단백질과 비타민 C가 고루 함유된 식단을 짠다. 또한 달콤하거나 맵고 짠 음식은 행동을 산만하게 만들므로 피한다.

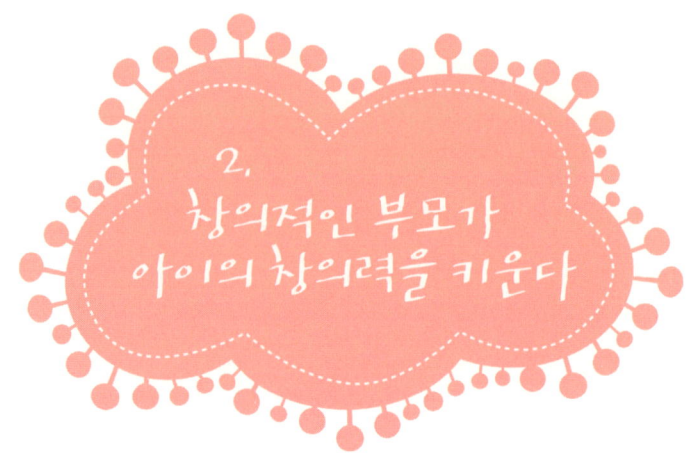

2. 창의적인 부모가 아이의 창의력을 키운다

뇌 발달에 좋다는 교구를 들이밀고, 두뇌 음식을 먹이고, 뇌 발달 교육을 하면서 아이의 뇌가 좋아지길 소망하는 부모들이 많다. 그러나 아이의 뇌를 발달시키는 가장 좋은 방법은 아이와 적절한 대화를 많이 하는 것이다. 아이의 창의적인 사고력을 키워주는 가장 좋은 방법은 부모가 아이에게 던지는 질문이라는 사실을 잊으면 안 된다.

아이의 창의력을 키우기 위한 대화의 지침

첫째, 호기심을 키워주는 질문을 하자.
"이게 뭘까?", "무엇으로 만들었을까?"처럼 호기심을 자극하는 질문으로 시작하자. 또한 아이가 궁금해하면 곧장 답하지 말고 아이의 시선을 따라가며 놓친 부분을 질문해주는 것이 좋다.

"아까 유치원 앞에 채송화가 피었던데, 지영이는 봤어? 엄만 그거 보면 난쟁이가 생각나"라고 말하며 엄마가 살핀 것을 함께 이야기하는 식이다. 이런 대화를 통해 아이는 자신의 생각을 펼치고 갈무리하는 법을 배워나간다.

둘째, 부모가 먼저 '왜?'라는 질문을 던져라.

부모의 좋은 질문은 아이의 생각을 한 단계 더 높여준다. 친구와 대화하듯 아이에게 질문하면 아이도 편하게 자신의 생각을 이야기할 수 있다. 이런 대화가 반복되면 아이의 머릿속에는 부모가 질문할 때마다 '왜?'라는 말이 떠오를 것이다.

셋째, 상상력을 키워주는 질문을 하자.

아이의 생각을 확장시키는 또 다른 질문은 '만약~'이다. "만약 공룡이 오늘날까지 살아 있다면 어떤 모습일까?" 같은 가정형 질문은 아이에게 즐거운 상상을 부른다.

노벨상 수상자인 리처드 파인만의 아버지는 공룡을 설명하면서 "만약 공룡이 우리 집 창문 안으로 고개를 들이민다면 어떤 일이 벌어질까?"라고 물었다고 한다. 아이가 엉뚱한 대답을 하더라도 상상력을 발휘했다는 의미이므로 칭찬하는 게 좋다. 아이는 눈에 보이는 것뿐 아니라 상상한 것을 말하기 시작한다. 상상을 현실처럼 얘기하는 경우도 있는데, 엉뚱하더라도 아이의 상상력을 칭찬해주고, 상상한 것을 함께 이야기하면 즐거워한다.

상상력이 발달하면서 몸과 마음이 건강해진다. 상상력은 단순히 지적인 창의성이 아니다. 감정과 면역 시스템을 보호하면서 신체의 건강을 지키는 힘이라고 보아야 한다.

넷째, 묻지만 말고 마음을 열어라.

"밥 먹어라", "가방 챙겨라" 등 지시형이거나, "오늘은 유치원에서 무슨 일이 있었니?", "친구와 싸우지 않았니?", "오늘은 뭘 배웠니?" 등 폐쇄형 질문을 부모는 많이 한다. 이런 질문은 아이의 두뇌 발달에 어떤 도움도 되지 않는다. 차라리 "엄마는 오늘 슈퍼에 갔다가 길이 막혀서 힘들었어"와 같이 엄마의 생활을 털어놓는 게 자연스럽다. 즉 부모가 마음을 열어야 대화가 풀리기 시작한다는 사실을 명심하자.

다섯째, 아이의 질문에 서둘러 대답하지 마라.

세상의 일 가운데에는 정답이 없는 것들이 수두룩하다. 단답식의 정답보다 부모의 생각이나 가치를 담고 있는 대답이 더 소중하다. 따라서 아이한테 답해주기 전에 생각을 물어보자. 아이가 나름대로 대답을 하고 더 이상 질문하지 않으면 부모의 대답은 필요하지 않다. 다만 자기 생각을 말한 후 부모의 대답을 요구한다면 그때 대답해주어도 늦지 않다.

여섯째, 질문하는 행동을 칭찬해주자.

아이가 어떤 질문을 한다면 그런 호기심을 가졌다는 사실에 대해 칭찬하자. "어떻게 그런 질문을 하게 되었지? 엄마는 생각하지 못했던 거야"라는 말로 아이가 긍정적인 마음과 유능감을 가질 수 있도록 칭찬하자.

일곱째, 토론을 하라.

자율적이고 개방적인 토론이 좋다. 창의력이란 남다른 문제의식과 그에 따른 자신만의 해결책을 만들어내는 것이다. 따라서 아이의 창의력을 키워주기 위해서는 논리적 사고가 밑받침되어야 한다. 논리적 사고와 현실성을 바탕으로 창의력을 표현하려면 문제 해결을 위한 토론이 이루어져야 한다.

스캠퍼식 질문으로 창의력을 키우자

창의력 기법을 활용하여 질문을 던지면 좋다. 이 방법은 사물이나 문제를 다양한 각도로 바라보게 하고 많은 아이디어를 준다. 또 이 방식에 재미를 붙이면 아이가 더 좋아하고 즐길 것이다. 당장 질문할 것이 생각나지 않는다면 스캠퍼식 질문을 만들어라.

- **S(대치하기 Substitute)**

다른 것으로 대신하거나 전용하는 것이다. 병따개가 없을 때 병따개 대신 사용할 수 있는 것을 찾아보는 사고 활동이다. 병따개가 없으면 대신 수저를 이용할 수 있다.

- **C(결합하기 Combine)**

서로 다른 물건이나 기능, 디자인 등을 결합해서 사고를 확장하는 것이다. 지우개 달린 연필이나 접착제를 붙인 포스트잇 등이 결합을 응용한 예다.

- **A(적용하기 Adapt)**

주요 목적 외에 다른 세부 목적을 제시하는 것이다. 칫솔을 개선하고자 할 때 '개선'이 궁극적인 목적이라면 '사용하기 편리하게 만들기'는 개선을 위한 하부 목적이다. 즉 "쥐기 편하게 만들려면?", "가볍게 만들려면?", "저절로 작동하게 만들려면?"과 같이 목적을 세분해 적용하자. 건전지로 작동하는 전동칫솔이 대표적이다.

- **M(수정하기 Modify)**

크기나 모양, 색, 소리, 작동 방법을 바꾸거나 수정, 변경하는 것이다. 교통카드를 더 작게 만들 수 없을까? 핸드폰에 매다는 교통카드는 이렇게 만들어졌다.

- **P(다른 용도로 사용하기 Put to other uses)**

사람이나 물건의 고유한 용도 대신 다른 용도로 사용하는 방법을 생각해보는 것이다. 명함을 다른 용도로 사용할 수 없을까? 예를 들어 명함은 책갈피로 사용할 수 있다.

- **E(제거하기 Eliminate)**

품질을 개선하거나 문제를 해결하기 위해 빼버리면 좋은 게 무엇인지 생각해보는 것이다. 건강에 좋지 않은 카페인을 빼버린 커피나 칼로리가 없는 콜라, 줄을 없앤 무선 마우스 등이 있다.

- **R(반대로, 거꾸로 하기 Reverse 또는 재정리하기 Rearrange)**

역할을 바꾸거나 위치를 바꾸어 생각하는 것이다. 예전에는 미닫이문의 레일이 아래에 있었으나 요즘은 위에 달려 있는 것이 많다. 레일을 위에 달면 문턱을 없앨 수 있어, 아이들이 뛰어다니다 걸려 넘어지는 것을 방지할 수 있다.

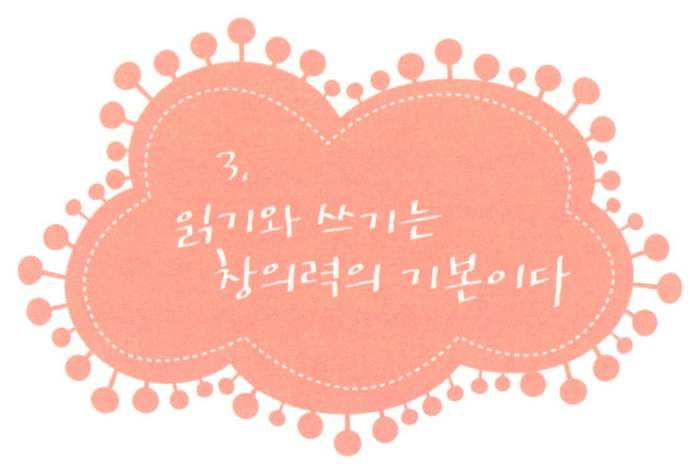

3. 읽기와 쓰기는 창의력의 기본이다

창의력의 핵심은 표현하는 것이다!

아이들과 지내보면 똑같은 아이는 하나도 없다는 사실을 알게 된다. 즉 모두 개성적이고 자기만의 잠재력을 가지고 있다. 그런 의미에서 영재는 아니지만 창의력을 발휘하는 인재로 아이를 키우려면 유태인 교육을 엿볼 필요가 있다.

유태인은 개인을 중요시하고 '내가 세계의 시작'이라는 생각이 강한데, 이 사고는 유태인의 전통에서 출발한다. 우선 유태인은 자녀가 5세쯤 되면 유대인 경전인 《토라》의 첫 장에 꿀 한 방울을 떨어뜨리고 아이에게 핥게 하면서 학문의 길로 인도한다. 아이가 지금부터 배울 학문은 꿀처럼 달콤하다는 것을 가르치기 위해서다.

그들은 주말에 가족은 물론 자신과 대면하는 시간을 많이 갖는다. 자기만의 시간과 공간을 통해 남과 다른 개성과 독창성을 기른다는 것이다. 오늘날 유태인은 세계 인구 중 0.2%가 채 되지 않지만, 그들은 평생 하는 공부를 통해 세계의 경제, 정치, 언론, 학문 분야에서 뛰어난 업적을 나타내고 있다.

창의력을 표현하는 중요한 기반은 읽기와 쓰기다. 때로 걸음마 시기의 아이들은 종이 위에 긁적거리며 아무렇게나 쓰는 것이 자신의 생각과 감정을 표현하는 방법이라는 것을 알게 된다. 또 모양을 모방하고 그림을 그리면서 4세가 될 때까지 아이들은 글자 몇 개를 만들어낼 수도 있다.

그러나 본격적인 쓰기 활동은 5세경이 되어야 시작된다. 또 읽기를 무척 좋아해도 쓰기는 뒤처지는 경우가 많은데, 초등학교에 가면서 함께 발전해나가므로 크게 걱정할 필요는 없다.

창의력을 표현하는 데는 부모라는 롤모델이 중요하다

아이가 글자를 배우는 연령은 다분히 아이가 집에서 받는 격려, 도움 그리고 롤모델에 달려 있다. 그리고 아이가 배운 읽기와 쓰기가 창의력의 표현으로 확장되려면 부모가 읽기와 쓰기의 기반을 만들어주어야 한다.

첫째, 읽기와 쓰기 이전에 다양한 경험이 먼저다.

유태인들은 아이가 친구 집에 놀러 갈 경우 형제를 같은 집에 보내지 않는다. 형제의 관심사가 다르기 때문에 서로 다른 집을 방문하게 해서 각자 다른 세계를 경험할 수 있도록 하는 것이다. 우리도 이들처럼 아이에게 다양한 경험을 제공하자.

둘째, 자신의 욕구를 알게 하자.

아이 스스로 "내가 가장 하고 싶은 게 뭐야?"라는 질문에 맞닥뜨리도록 기회를 주자. 아이는 스스로 물어봄으로써 정말 하고 싶고 절실하게 해야 하는 내면의 욕구를 알아챌 수 있다. 아이가 궁금해하거나 관심이 큰 것을 중심으로 다양하고 흥미진진한 질문을 스스로에게 한 다음, 가장 끌리는 질문부터 한 가지씩 곰곰이 생각하고 대답할 기회를 가지게 해보자. 아이는 자신을 돌아보고 자기가 무엇을 하고 싶은지 알 수 있을 것이다.

셋째, 먼저 그림으로 표현하게 하라.

한동안 아이는 그리기에 푹 빠져 지낸다. 스케치북을 펼치고, 크레용을 꺼내 든 다음, 마음속에 떠오르는 이미지를 그린다. 그리기에 필요한 도구인 사인펜, 색연필, 크레파스, 마커 등을 열심히 사다 주어야 한다. 다양한 색깔을 준비해주는 것이 좋다. 그림을 그릴 종이도 두꺼운 도화지, 골판지, 색도화지 등 다양하게 비치해두어야 한다.

단, 아이가 어떤 그림을 어떤 식으로 그리든 아이의 그림에 간섭하는 것은 금물이다. 자동차만 그리지 말고 다른 것도 그려보라는 잔소리도 하지 말자. 아이는 그림을 그리면서 서서히 자기 내면의 의식과 만나게 되며, 이것은 쓰기의 기반이 된다.

넷째, 부모가 롤모델이 되라.
아인슈타인은 침대 머리맡에 "거인의 어깨 위에 올라선다면 더 멀리까지 볼 수 있다"고 말한 뉴턴의 초상화를 걸어놓았다고 한다. 아이는 다른 사람을 모방하며 자란다. 갓난아기 때부터 부모를 비롯한 주변 사람들을 따라 함으로써 하나의 인격체로 성장해간다. 이때 아이는 무의식적으로 모방하고 싶은 사람을 선택할 수 있고, 기존 롤모델의 장점을 섭렵하고 나면 그를 대체할 새로운 롤모델을 또다시 선택하게 된다. 부모가 책을 읽거나 아이에게 책을 읽어주는 모습은 아이에게 읽기의 기반이 된다.

다섯째, 위대한 사람을 만든 요소를 배우게 하라.
아이가 과학상자 만들기를 좋아하고 스티브 잡스를 좋아한다면 어떨까? 스티브 잡스를 세계적인 인물로 만든 요소들, 열정, 고정된 틀이나 형식에 얽매이지 않는 융통성, 완벽을 향해 끊임없이 노력한 자세를 배우도록 유도하는 게 좋다. 아이에게 책을 읽어줄 때도 주인공뿐 아니라 주인공의 장점들을 구체적으로 찾아 알려준다면 더 도움이 된다.

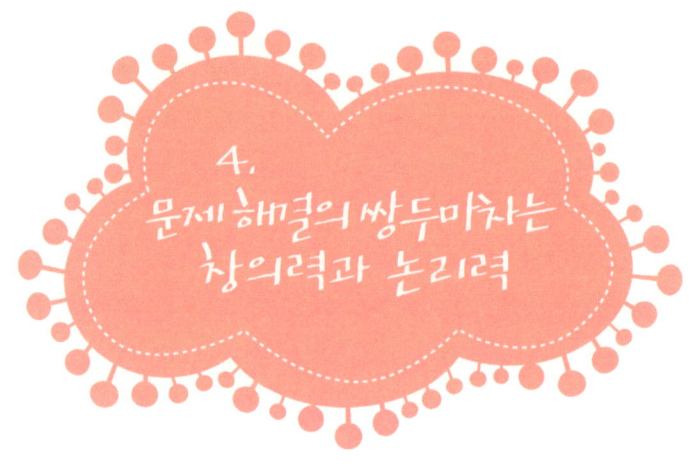

4. 문제 해결의 쌍두마차는 창의력과 논리력

　창의력이 형식의 틀을 벗어나 특별한 생각을 밖으로 확산하는 활동이라면, 논리적인 사고는 창의적인 생각을 형식의 틀 안으로 수렴하는 활동이다. 그런 의미에서 애플의 공동 창업자 워즈니악의 역할은 시사하는 바가 크다. 스티브 잡스가 애플 1, 2를 개발하는 과정에서 자신의 직관과 통찰을 끝까지 밀어붙였다면, 워즈니악은 스티브 잡스의 창의성을 컴퓨터 기판에 논리적으로 구현해냈기 때문이다.

　창의력이 뛰어나도 현실감이 없으면 사상누각이다. 창의적인 문제 해결을 위해서는 문제와 사실을 발견하는 단계에서 논리적인 사고가 필요하다. 또한 문제를 해결하거나 적용하고 피드백할 때도 논리적이라야 한다. 그러니 창의적인 문제 해결 과정을 응용해서 놀이를 한다면 창의력뿐 아니라 논리력도 키울 수 있다.

1단계: 문제 발견하기

생활 속에서 창의적인 생각을 하려면 민감해야 한다. 불편함이나 잘못된 것을 느끼고, 개선해야 할 것을 발견하는 것도 예민함이다. 그림책을 예로 들어보자. 만일 《벌거벗은 임금님》에서 임금님이 벌거벗고 행차하는 장면을 읽는 중 "만약 이때 임금님이 자기가 벌거벗은 것을 알았다면 어떻게 해야 할까?"라고 부모가 문제를 제기하는 것이다. 이로써 창의적인 문제 해결 과정이 시작될 수 있다.

2단계: 사실 발견하기

관찰력을 키워주어야 한다. 단서를 제시해서 문제를 해결하는 추리 게임이나 놀이는 관찰력을 키우는 데 효과적이다. 단서를 소리 내서 말하거나 단서의 중요함을 정하고 정리하다 보면 사소한 것도 놓치지 않는 관찰력이 키워진다.

처음에는 단서를 읽어도 아이가 "잘 모르겠어요"라고 할지 모르지만, 자꾸 반복해서 읽다 보면 연결되어 있는 고리를 찾을 수 있다. 눈에 보이는 대로, 생각나는 대로, 관찰한 대로 말하도록 유도하자. "산에 올라가려면 등산복이 필요한데 수영을 하려면 어떤 옷이 필요할까?"와 같은 쉬운 질문으로 대답을 유도할 수도 있다.

3단계: 문제 정의하기

해결해야 할 문제를 제대로 정의하고 정리하는 게 문제 해결의 핵심이다. 또 문제를 정의할 때는 문제를 자기화하는 과정이 필요하다. 따라서 '내가'와 '어떻게'라는 말을 반드시 넣어야 한다. '왜?'가 '어떻게?'로 바뀌면 "왜 이렇게 안 되지?"라고 이야기하기보다 "이렇게 하려면 어떻게 해야 할까?"라는 방법을 강구하게 되고, '내가'라는 말이 들어가면 그 문제는 스스로 해결해야 할 문제가 되기 때문이다. 따라서 아이는 의욕이 생기고 집중력을 가지고 몰입하게 된다.

4단계: 아이디어 발견하기

바다가 왜 파란지 물을 때 한 아이는 '태양의 빛이 바닷물에 부딪쳐 산란되기 때문'이라고 대답하고, 다른 아이는 '바닷물이 바위에 부딪쳐 멍이 들어서'라고 대답한다. 첫 번째 대답이 맞다고 생각할지 모르지만 두 번째 대답이 더 창의적이다. 아이디어를 발견하려면 때로는 정상적인 것, 상식적인 것들을 한 번쯤 뒤집어 생각해볼 필요가 있다. 널리 사용되는 창의적 기법들을 알고 있다면 그것으로 질문을 만들어보자.

1) 브레인스토밍 활용하기
첫째, 아이가 낸 아이디어를 비난하거나 평가하지 말자.

아이가 낸 아이디어에 대해 "별로다"라거나 "비현실적이다"라고 비난해서는 안 된다. 지나친 칭찬도 좋지 않다. 칭찬 역시 평가로 생각되기 때문이다. 부모가 칭찬하면 평범한 아이디어라도 가장 좋은 해결책으로 채택될 가능성이 높다.

둘째, 자유로운 분위기를 유지한다.
아무리 우스꽝스러운 아이디어라도 수용하자. 어리석거나 엉뚱하거나 혹은 유머러스한 아이디어가 나오면 즐겁게 웃으면서 받아들이자. 아이는 자기의 아이디어가 혹시 바보같지 않을까 하는 두려움 때문에 머뭇거리는 경우가 많기 때문이다.

셋째, 아이디어는 많을수록 좋다.
질 높은 아이디어보다 많은 영역의 아이디어가 더 중요하다. 양이 많으면 질 높은 아이디어가 나온다. 그래서 브레인스토밍은 여럿이 같이 하는 것이 효과적이다. 한 아이의 아이디어는 다른 아이에게 경쟁의식을 유발하고, 다른 아이가 새로운 아이디어를 낼 수 있는 원천이 되기 때문이다.

넷째, 아이의 아이디어에 슬쩍 편승하자.
아이의 아이디어에 착안해서 부모의 아이디어를 생각해내거나, 두 개 이상의 아이디어를 결합해서 제3의 아이디어를 내놓자. 만일 아이가 날개를 생각해냈다면 부모는 비행기로 아이디어를 확장할 수 있다.

부모가 자신의 아이디어를 새롭게 변형하거나 더 좋은 아이디어로 발전시키는 것을 보면서 아이는 경청하는 법을 배운다.

2) 강제결합법 이용하기

강제결합법은 말 그대로 억지로 관계를 맺는 방법이다. 즉 서로 전혀 관계없어 보이는 아이디어나 물건을 강제로 연관해서 문제를 새로운 각도에서 해결할 수 있도록 도와준다. 예를 들어 음식점의 메뉴판이나 백화점 카탈로그를 사용해서 순서대로 문제와 연결하는 것이다. 짜장면과 지우개는 전혀 관계가 없어 보이지만 '국수 모양의 지우개', '짜장면 색깔의 지우개'로 확장할 수 있다.

3) 색다른 용도법 이용하기

색다른 용도법은 원래 용도 외에 다른 용도로 사용할 수 있는지를 찾아보는 방법이다. 토란스의 창의성 검사에는 '깡통을 기발한 방법으로 사용하기'와 '상자를 기발한 방법으로 사용하기' 등의 문항이 있다. 아이디어는 실용적이거나 구체적인 것이 좋다.

5단계: 해결 발견하기

아이가 생각해낸 아이디어로 목록을 만들어보자. 또한 아이디어를 평가해서 가장 해결 가능성이 높은 아이디어를 채택하자. 이를 위해 평가표를 이용하는데, 대표적인 평가 기준은 시간, 돈, 실용성, 현실성 등에 두고 '5점 척도'를 이용해 점수를 내보자.

6단계: 검증과 평가

독특하거나 훌륭한 해결법은 철저한 평가와 검증을 받도록 한다. 해결책을 적용해 실행한 후 창의적이고 만족스럽다고 판단되면 받아들일지 여부를 아이와 상의해보자.

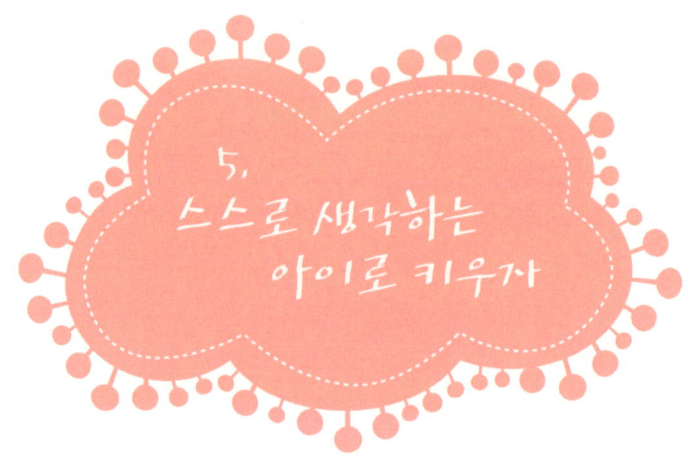

어린이의 장래는 어린이 스스로가 만든다

"어린이의 장래는 주변의 모든 것을 이용하는 어린이 스스로가 만든다"라고 이탈리아의 심리학자이자 세계적인 유아교육가인 몬테소리는 말했다. 어린이 스스로 하는 힘의 중요성을 강조한 말이다. 이와 더불어 아이의 바람직한 미래를 위해 부모는 아이들에게 생각하는 힘을 키워주어야 한다.

세상의 모든 것을 예측하고 싶어 하는 미래학자들조차도 앞으로 우리 아이들이 살아갈 세상은 어떤 모습일지 알 수 없다고 한다. 이렇게 예측이 불가능한 세상에 아이들이 부모의 품을 떠나 세상에서 살아남으려면 스스로 생각할 줄 알아야 한다. 부모는 지금까지 아이에게 수유를 하고, 기저귀 갈아주고, 안고 다니면서 키워왔다.

그리고 이제는 아이가 스스로 걷고 뛰고 놀고 공부하기를 기대하면서 지원하고 있다. 아이는 시간이 지나면서 놀기도 하고 친구와 싸우기도 하고 공부도 하면서 서서히 성인으로 자란다. 그럼에도 불구하고 부모가 못 하는 것이 있다. 아이들에게 주도권을 완전하게 넘겨주지 않는다는 것이다.

심지어 아이 스스로 하는 놀이조차도 두뇌 계발이라는 이름하에 부모가 좌지우지한다. 아이는 그림책의 주인공이 마음에 들면 신 나서 부모에게 주인공의 일거수일투족을 재잘거리면서 설명하고, 혼자 그림도 그리고, 그림책의 장면을 기억해서 블록이나 종이찰흙으로 표현하기도 하고, 또래 아이들과 역할 놀이를 하면서 그림책의 즐거움을 나눌 것이다. 그런데 부모는 효율성이라는 이름하에 아이 혼자서 자연스럽게 하는 놀이조차도 가르치려 드는 것이다.

부모는 교육을 목적으로 가르치려고 하지만, 아이가 열심히 생각하고 문제를 해결하도록 하려면 부모가 옆에서 그저 즐겁게 놀아주는 것으로 족하다. 아이에게는 기존의 틀을 깨는 창의력이나 상상력도 있어야 하지만 오래 생각할 수 있는 사고력도 필요하다. 주어진 문제가 풀릴 때까지 한 시간이고 두 시간이고, 혹은 일주일이고 열흘이고 생각하고 몰입하는 경험이 필요하다. 부모는 그 과정에서 같이 놀고, 같이 생각하고, 같이 몰입해야 한다.

과거 정보 사회에서는 '정보'를 가르치는 것으로 충분했다. 정보는 변하지 않고 그대로 존재할 것이기 때문에 사고는 필요하지 않았다.

지식이면 충분하고, 다른 모든 것이 따라올 것이라고 믿었다. 그러나 시대가 달라지고 있다. 이제는 창조적이고 긍정적으로 생각하고, 행동으로 옮기는 사고가 지식만큼이나 중요하다.

인간의 뇌는 수많은 정보 중 불필요하다고 판단된 것은 알아서 거른다. 때로 정보를 분류해서 쓸데없는 정보는 잊어버린다. 그 정보가 훨씬 더 도전적이고 흥미로워도 기존 사고방식에 따라버리는 잠재 억제 효과가 나타나는 것이다.

그러나 창의적인 아이들은 미리 판단해서 정보나 지식을 거르는 비율이 낮다. 창의적인 아이들은 항상 새로운 가능성, 주변 환경에서 들어오는 자극에 더 민감하게 열려 있다. 한꺼번에 많은 것을 생각할 수 있어서 창의적인 결과를 낼 수 있다.

창의적인 아이는 특정한 영역에 뛰어난 잠재력을 보이고, 한꺼번에 많이 생각하고, 과제집착력까지 갖추면 영재성을 발휘할 수 있다. 그러나 아이가 그러한 특성을 보이더라도 부모가 아이의 생산물이나 행동을 부정적으로 생각하거나 방해하면 영재성을 제대로 발휘할 수 없다.

아이의 창의적 사고력을 증진시키려면?

풍부한 놀이 공간과 창의력을 자극하는 장난감을 주고, 아이의 두뇌 유형이나 흥미를 고려해서 칭찬하고 격려해야 한다. 정서적으로 안정된 아이라야 부모와의 신뢰 관계도 좋다. 창의적 사고력을 증진하기에 좋은 부모의 역할은 다음과 같다.

첫째, 아이에게 주도권을 주자.
아이에게 많은 주도권을 주는 부모일수록 아이의 창의력이 높은 것으로 나타난다. 이런 부모는 권위적으로 아이를 통제하거나 행동을 아주 엄격하게 제한하지도 않는다. 또한 아이의 어떤 행동에도 불안해하지 않고, 모험적인 시도에도 아이를 믿고 자유롭게 행동하도록 행동반경을 넓혀주는 경향이 있다.

부모가 놀이의 주도권을 가지면 아이는 머리로 생각하려 하지 않는다. 스스로 필요해야 상상하고 생각도 하는데 놀이의 주도권이 없으면 절실함도 없기 때문이다. 아이가 스스로 생각할 시간이 절대적으로 필요하다. 관심을 가지고 지켜보거나 가끔 격려해주면서, 앞서 나가지 않고 반걸음 늦게 따라가주고 반응해주는 여유와 지혜가 필요하다.

둘째, 창의적인 사고도 숙련이 필요하다.
'창의력은 타고나는 능력'이라고 여기는 이들이 의외로 많다. 그러나 창의력은 타고나는 것이 아니며, 창의적인 사고에 전문적인 지식이나 남다르게 뛰어난 지능이 필요한 것도 아니다.

오히려 다양한 관점에서 생각할 수 있는 올바른 방법을 터득하고 이를 항상 실천하려고 노력하면 가질 수 있는 것이 창의력이다. 그런 점에서 수많은 경험과 시행착오가 필요하다. 아이들은 열심히 부수고 만들며 말썽을 피울 수 있어야 한다. 이것저것 새로운 것을 분해하고 부수는 과정도 아이의 창의력 훈련을 위한 교구가 될 수 있다.

셋째, 규칙을 너무 만들지 말자.
아이에게 원을 그려주고 안을 색칠하라고 하면, 경계선 밖으로 벗어나서는 안 된다고 굳게 믿으며, 깨끗하게 칠할수록 점수를 더 받을 것이라고 판단한다. 지시 내용에 있지도 않은 기준을 자신이 만들어 원 밖으로 나가서는 안 된다고 생각해버리는 것이다. 이런 습관은 그 기준이 분명한 사회에서는 효율적이지만, 불확실하고 불안정한 미래에는 오히려 걸림돌이 될 수 있다.

부모의 말은 무조건 들어야 한다거나 방을 항상 깨끗이 정돈해야 한다는 등의 규칙은 아이의 창의적인 사고를 제한한다. 물론 아이의 생활 습관을 잘 만들어주기 위한 규칙이 대부분이지만, 규칙이나 제한이 아이의 자유로운 사고를 막는 것은 아닌지 한 번 더 생각해보고 규칙을 정하자.

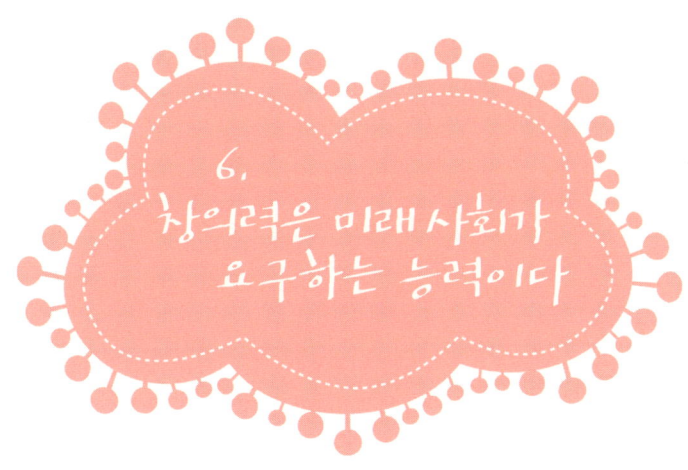

6. 창의력은 미래 사회가 요구하는 능력이다

유창성, 독창성, 융통성, 정교성은 창의력의 4대 요소

평범하게 시작한 과제를 1년 하고, 10년 하고, 평생토록 하면 그것은 이미 평범함을 넘어 위대한 일이 된다. 처음 시작하기가 어렵고, 시작해도 포기하기 쉽다. 영재성을 갖고 있어도 위대한 일을 하기 위해서는 이런 과제를 꾸준히 반복해야 한다.

창의력도 마찬가지다. 상식처럼 쌓아두는 것이 아니라 사고력처럼 사용하고 활용해야 하는 능력이다. 또 아이들은 이것을 스스로 터득해야 한다. 아이는 창의력이 재미있는 활동이라는 것을 알아야 하며, 자신이 꿈꾸는 모든 것이 언젠가는 이루어질 수 있다는 믿음이 있어야 한다.

창의력의 4대 요소인 유창성, 독창성, 융통성, 정교성 역시 적절히 사용하지 않으면 의미가 없다. 다만 창의력의 4대 요소는 일단 길러두면 써먹을 수 있다. 공부를 하고 사회에 나가서도 창의력이 필요하다. 부모는 학업이나 직업에서뿐 아니라 일상생활에서 생기는 사소한 문제들 혹은 중요한 문제들을 해결하는 힘을 길러주어야 한다.

급변하는 현대 사회에서는 우리가 예측할 수 없는 문제들이 발생한다. 예측할 수 없는 문제들에 대응해 창의적으로 문제를 해결하는 능력을 미래 사회는 요구한다.

1) 유창성 기르기: 똑같은 모양이 반복되는 미완성 그림으로 검사를 해보면 유창성이 뛰어난 아이들은 제한된 시간에 많은 아이디어를 만들어낸다. 아이디어가 양적으로 많다고 해서 꼭 질적으로 우수한 것은 아니지만, 뛰어난 아이디어가 나올 가능성은 더 크다. 유창성이 좋으면 말이 많고 아이디어도 풍부하다. 상상력이 뛰어나 말도 안 되는 아이디어를 내놓기도 하고, 다른 사람들의 비판에도 비교적 자유롭다. 또한 유창성은 훈련을 받으면 향상되는 효과가 가장 크다.

—생각나는 대로 말하게 하기: 아이와 놀 때 노는 방법을 생각나는 대로 말하게 하자. 그리고 아이 말대로 시도해보자. 어떤 의견이라도 일단 수용하자. 그래야 아이들이 마음 놓고 생각나는 것을 말하게 된다.

—자유롭게 작업하게 하기: 같이 노는 것도 좋지만 혼자 자유롭게 노는 것이 중요하다. 크레파스, 마커, 연필, 붓 등을 이용해 스스로 만들거나 작업할 수 있는 다양한 재료를 주자.

2) **융통성 기르기**: 유창성이 뛰어나도 융통성은 부족한 아이가 많다. 예를 들어 동그라미를 놓고 떠오르는 것을 말하라고 하면 유창성이 뛰어난 아이들은 금방 사과, 수박, 배, 포도, 토마토 등을 거침없이 줄줄이 말한다. 반면 융통성이 뛰어난 아이들은 사과, 시계, 컵 받침대, 해바라기 등 다양한 범주에서 사물을 찾아낸다. 융통성이 있는 아이는 아이디어나 해결책을 낼 때 한 가지 방식에 집착하지 않고 여러 방식을 적용하거나 범주를 자유롭게 넘나드는 특징이 있다.

—놀이의 소재에 융통성 주기: 놀이의 소재는 모양이나 크기를 얼마든지 바꿀 수 있고, 실내는 물론 외부에서도 사용할 수 있는 것이 좋다.

—다양하게 표현하게 하기: 표현은 언어, 몸짓, 움직임, 그리기, 만들기, 표정 짓기, 춤추기, 노래하기나 연주하기 등 다양하므로 가능하면 모든 표현 양식을 동원해보자.

3) **독창성 기르기**: 독창적인 아이들은 의도적으로 남들과 다른 각도에서 바라보고 다르게 생각하려고 노력한다. 창의성의 궁극적인 목표는 새롭고 독특한 아이디어, 희귀한 해결책을 생각해내는 것이다.

—놀이 도구를 스스로 만들게 하기: 재활용품이나 버려야 할 도구

들을 활용해서 새로운 장난감을 만들게 해보자.

— 새로운 놀이 방식을 칭찬하기: 새로운 것을 찾아내면 칭찬하거나 격려해주어야 새로운 방식을 계속 생각하게 된다.

4) 정교함 기르기: 정교함이 뛰어난 아이들은 그림을 그리거나 말을 할 때 표현이 구체적이고 사실적이다. 창의력 그림 검사에서도 전체적인 풍경을 장황하게 그려 넣거나 세부적인 묘사가 뛰어나다. 정교함이 뛰어나면 처음 제안한, 미숙하면서도 다듬어지지 않은 아이디어를 다듬고 발전시킬 뿐 아니라 다른 아이디어를 평가해 그중 독창적인 아이디어를 선별하는 안목이 있다.

— 훌륭한 표현 게시하기: 표현이 잘된 것, 예컨대 춤, 몸짓, 그림, 만들기, 노래 등에서 잘된 것을 게시하거나 발표하게 하는 것이 좋다.

— 몰두할 시간 주기: 놀이에 몰두하는 동안에는 아이들을 방해하지 말자. 몰두하는 경험, 열광하는 경험, 감동적인 경험을 할 때 아이는 정교하게 질을 높이려는 의욕이 생긴다.

요리를 통한 창의력 4대 요소 기르기

아이가 어려서부터 눈 감고 소스 맞혀보기, 직접 요리해보기, 퓨전 요리 개발하기, 더 맛있게 만들어보기, 새로 만든 음식에 이름 붙여보기 활동을 한다면 창의력 발달에 도움이 된다.

어떤 음식을 요리할 것인지 계획하고, 재료를 선택, 준비하고, 이야기를 나누거나 레시피를 읽으면서 새로운 어휘를 익힐 수 있다. 또 요리를 직접 만들어 먹고 정리하기까지 모든 활동에 직접 참여하면 많은 개념을 습득하고 각 발달 영역에 풍부한 도움이 된다.

요리의 재료를 만지고 다루는 동안 사물의 차이나 맛 또는 냄새의 차이를 식별할 수 있게 되며, 사물이 갖는 성질과 특징을 자연스럽게 알게 된다. 또한 요리 활동으로 오감과 소근육운동이 발달되고, 더 맛있고 더 보기 좋은 요리를 만들려는 문제 해결력도 발달시킬 수 있다.

'노릇노릇하다', '야들야들하다' 등 다양한 맛에 대한 어휘를 배우며 유창성이 늘어난다.

피망 대신 사용할 수 있는 녹색 채소는 어떤 것들이 있는지 생각하면서 융통성을 기를 수 있다.

야채를 원하는 모양으로 썰면서 독창성을 발휘한다.

볶아지는 야채의 움직임을 섬세하게 표현하며 정교함을 키울 수 있다.

의식하지 않은 채 이루어지는 일화기억과 절차기억

태아도 기억을 한다는 것은 잘 알려진 사실이다. 드캐스퍼 교수의 연구에 의하면 아기는 임신 중에 읽어준 책 내용을 신생아 시기까지 기억한다. 연구자들은 엄마들에게 일주일에 두 번씩, 6주에 걸쳐 《모자 속의 고양이》라는 동화를 태아에게 읽어주라고 했다. 실험이 종료된 후 태어난 아기들에게 《모자 속의 고양이》와 다른 동화를 번갈아 들려주었다. 그러자 아기들은 《모자 속의 고양이》를 들려줄 때 일제히 반응을 보였다. 즉 아기들은 지난 6주 동안 들은 이야기를 기억한다는 것이다.

이 실험은 아기들이 태어나기 이전, 엄마의 배 속에서 들은 소리를 기억한다는 것을 보여준다. 물론 아기들이 기억하는 것은 이야기의 줄거리가 아니라 엄마의 목소리다. 책을 읽어줄 때의 억양과 리듬을 기억하는 것이다.

이렇게 태아 때부터 기억력을 가진다는 보고에도 불구하고 아이들은 36개월 이전의 일을 거의 기억하지 못한다. 아기의 기억력과 성인의 기억력에 차이가 있기 때문이다. 즉 성인의 기억은 체계적이고 논리적인데 아기의 기억은 감각적이고 비논리적이다. 아이들은 정신적 응집력이 약하기 때문이다.

경험도 체계적인 언어로 이해해야만 오래 기억되는데, 36개월 이전의 기억은 사라지기보다 불안정한 저장으로 의식되지 않은 채 뇌 속에 남아 있다. 하지만 어느 순간 어릴 적 일이 떠오르기도 한다. 성인도 처음 가본 곳인데 언젠가 한번 와본 것처럼 느껴지는 경험과 같다.

의식하지 않고 쌓이는 기억은 우리가 막연히 친숙하다고 느낄 때 주로 나타난다. 이렇듯 아이는 낯익은 것을 이유 없이 선호하게 되는데 여기에는 의식하지 않은 기억이 작동한다.

의식하지 않은 채 쌓이는 대표적인 것이 일화기억과 절차기억이다. 일화기억은 언제 어디서 무엇을 어떻게 했다는 기억이고, 절차기억은 자전거 타기와 같이 뇌가 방법이나 움직임을 기억하는 것이다.

"지난 어린이날에 뭐 했어?", "네 생일날 있었던 일 알지?"라고 물어보면 누구나 일화기억으로 쉽게 대답할 수 있다. 일화기억은 생활에서 경험한 것이라 의식적으로 노력하지 않아도 쉽게 기억한다. 심지어 자질구레한 내용까지 다 기억한다. 그래서 체험이 중요한 것이다. 일화기억은 이름이나 숫자, 날짜, 사실에 대한 의미기억과는 다른 뇌 영역에서 처리된다.

절차기억은 의식하지 못하고 배우는 운동 기술과 움직임에 대한 기억인데, 뇌의 깊숙한 곳에 있다. 출생 시에는 미숙하지만 생후 3개월만 되면 기능한다. 그래서 의식하지 않고 장난감을 어떻게 잡아야 마음대로 움직일 수 있는지 알게 되며 기기, 서기, 그리고 걷기도 이 절차기억을 통해 터득하게 된다. 로봇 조립하기와 자전거 타기도 마찬가지다.

체험하는 오감으로 일화기억을 익히려면?

<u>첫째, 오감을 이용하게 하라.</u>
아이는 두 가지 이상의 감각 자극이 동시에 주어질 때 더 정확하게 기억한다. 예를 들어 춤을 추면서 노래를 부르면 노래만 부르는 것보다 오랫동안 더 자세히 기억할 수 있다.

<u>둘째, 체험과 경험으로 기억하게 하라.</u>
궁금한 것을 물어보면 일화기억이 기능한다. 즉 혼자 익히는 것보다 누군가의 말을 듣고 익히는 것이 효과적이며, 자신이 아는 것을 설명하는 것도 기억에는 효과적이다. 그림책도 부모가 읽어주면 책을 이해

하는 데 5배 이상 효과가 있다.

셋째, 추억을 되살려주라.
아이가 매우 어렸을 때의 사진이나 동영상, 즉 추억의 기록물을 자주 보여주며 내용을 설명하고 대화하면 의식하지 않고 저장되었던 기억이 떠올라 완전한 기억이 되게 한다.

넷째, 규칙적으로 연습시켜라.
'매일 아침 8시에 일어나서 양치질을 하고, 오전 10시에는 뽀로로를 보고, 오후 4시에는 산책을 나가고, 오후 9시에는 잠자리에서 책을 읽어준다'라는 순서를 규칙적으로 한다. 심부름도 정기적으로 시켜서 몇 번 반복하면 의식하지 않고 기억하게 된다.
아이는 자랄수록 정보가 필요할 때 장기 기억에서 바로 써낼 수 있어야 하며, 시간과 힘이 들어서는 안 된다. 자동화되어야 한다. 읽기든 셈하기든, 유치원 규칙이든 매일 규칙적으로 연습해야 하는 이유다.

다섯째, 주변 환경을 새롭게 바꾸라.
아이는 주변 환경과 일상생활의 기억을 함께 갖기 때문에 환경을 새로 바꾸면 새로운 기억을 갖게 된다. 단, 너무 갑자기 변화시키면 스트레스가 될 수 있으니 장난감, 모빌 등 단순한 것부터 조금씩 바꾸어보자. 또 매일 다니는 길이나 장소도 바꾸어보면 기억력 향상에 도움이 된다.

여섯째, 장난감은 수완 좋은 아이를 만든다.

소근육운동을 통한 학습은 절차기억으로서 체험을 통해 익혀가는 것이다. 남자아이는 아빠가 사용하는 도구와 장비 모형을 가지고 놀며 사회화되어간다. 여자아이는 엄마가 사용하는 살림도구 모형을 가지고 놀며 성역할을 배우고 생활을 체험하기도 한다.

일곱째, 잠은 개인의 생체 리듬에 따르라.

잠을 의지로 줄일 수 있다는 생각은 버려라. 잠은 생각처럼 줄일 수 있는 것이 아닌 생체 리듬이다. 개인차도 많아서 6시간만 자도 상쾌한 나폴레옹형 아이가 있는가 하면, 10시간을 자는 아인슈타인형 아이도 있다.

아이에게 필요한 수면의 양은 정해져 있고, 이것을 채우기 위해 두뇌는 끊임없이 자려고 할 것이다. 아이마다 수면 시간이나 수면 양상이 다르므로 아이에게 적합한 생체 리듬을 찾아야 한다. 같은 수면 패턴을 3주 이상 지속했을 때 몸 상태가 좋으면 적당한 수면이다.

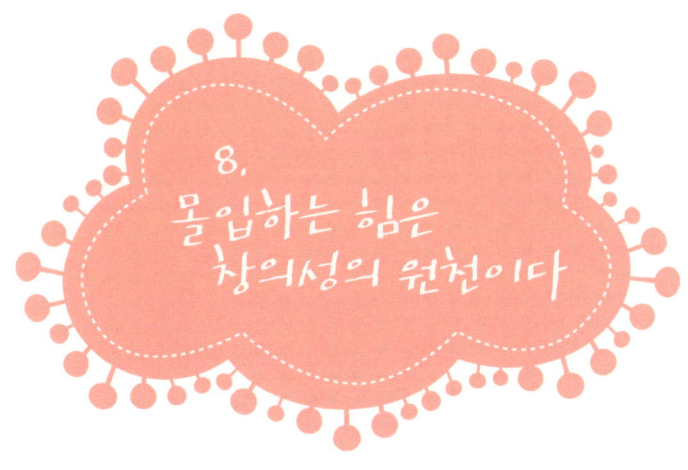

과제집착력은 한 가지 과제에 몰두하는 힘이다

"한수는 과제가 해결될 때까지 마음에 담아둔다. 다음 시간이 되면 앞에서 해결하지 못한 과제를 달라고 한다. 한 달 내내 한 가지 과제에만 몰두하기도 한다. 집에서도 틈만 나면 그 문제를 꺼내놓고 생각한다."

영재의 기준에는 과제집착력이라는 것이 있다. 위에서 말한 한수 같은 아이가 과제집착력이 월등한 아이다. 과제집착력이 뛰어나려면 특정 분야에 집중할 수 있는 힘이 있어야 한다. 모든 것을 다 잘할 수는 없으니 선택과 집중이 필요한 것이다.

지능이 영재성을 판별하는 데 중요한 요소인 것처럼 지능 이외의 요소들, 즉 창의력이나 과제집착력, 혹은 강한 의욕 역시 영재성을 판별하는 중요한 척도다. 그리고 그런 척도로 판단한다면 영재로 분류되는 아이는 전체 아이의 약 30%에 이른다.

여기에서 말하는 과제집착력은 재능 계발에 가장 중요한 동기 중 하나지만, 경쟁심이나 경쟁심에서 촉발된 공부 욕심과는 전혀 다른 지적 욕구다. 쉽게 말하면 한 가지 과제에 오래 몰두할 수 있는 힘이다. 과제집착력이 있는 아이는 어떤 과제를 주어도 끈기 있게 몰입하며, 해결하고자 하는 열의가 넘친다. 그리고 도전적인 과제를 해결한 후 진심으로 기뻐하고 뿌듯해한다.

과제집착력이 있는 아이로 키우는 부모의 역할

과제집착력이 있는 아이는 발견의 기쁨을 즐기고, 그 기쁨을 위해 끈질기게 같은 행동을 반복한다. 발명이나 발견에 대한 집착은 수백 번 실험을 반복했던 에디슨 같은 위인만 가능한 것이 아니고, 우리 아이에게도 그런 끈질김이, 발견의 기쁨을 누리고자 하는 집요함이 있다는 것을 부모는 알아야 한다.

첫째, 의욕이 중요하다.
과제집착력을 키우려면 의욕이 있어야 한다. 새로운 행동의 이유가 바로 자신에게서 우러나와야 하는 것이다. 부모가 많이 사용하는 당근과 채찍 때문에 어떤 일을 하게 되면 의욕에 따라 그 일을 하는 것보다 지속성이 떨어지고 성취력도 약하다. 어떤 과제에 대한 호기심, 개인적 흥미, 만족감, 개인적 도전 등과 같이 내부에서 오는 의욕이 과제집착력의 핵심인 것이다.

아이들은 과제 자체에 흥미가 있을 때, 즐거울 때, 도전하고 싶을 때, 만족스러울 때, 그리고 스스로 할 때 가장 의욕적이다. 따라서 부모가 원하는 일을 무조건 강요한다면 아이의 의욕을 자극할 수 없다.

<u>둘째, 끊임없이 반응하게 하라.</u>

과제집착력은 필요에 대한 적극적 반응이다. 그것은 감각 기관을 통해 매 순간 들어오는 자극에 자신이 어떻게 반응할 것인지를 선택하는 것이다. 반응을 잘하려면 감각이 살아 있어야 한다. 감각을 살린다는 것은 외부로 흩어진 마음을 지금 여기로 돌려놓는 것이다.

음식마다 맛이 어떻게 다른지 세밀하게 관찰하라. 좋은 냄새를 맡아라. 고개를 들어 눈앞의 풍경을 바라보라. 눈을 감고 귀에 들리는 세 가지 이상의 소리를 구별해보라. 좋아하는 음악을 들으며 몸을 흔들어보라. 피부를 통해서 감지되는 감각 정보에 마음을 집중해보라. 아이의 뇌는 다양한 자극을 격려로 받아들이고 더욱 활발하게 작동할 것이다.

<u>셋째, 유능감이 생겨야 한다.</u>

수영이든 바둑이든 그림이든 어떤 분야에서든 시간과 에너지를 집

중해야 한다. 레오나르도 다 빈치와 같은 만물박사는 극히 드물다. 대부분의 아이들은 한두 가지 분야를 선택해서 집중해야 창의력을 발휘할 수 있고, 진정으로 행복한 삶을 살 수 있다.

부모가 자신의 가치관과 세계관에 자녀를 맞추려고 과욕을 부리면 아이의 의욕을 오히려 꺾을 수 있다. 잔소리를 하거나 나무라기보다는 창의적인 분위기를 만들어주라. 조금 색다르게 생각하더라도 격려해주라. 그것만으로도 창의력은 쑥쑥 자라날 것이다.

<u>넷째, 일단 시작하게 하자.</u>

머뭇거리면 뭐든 어렵다. 재능과 숙련이 필요하지만 모든 것이 준비되어야만 하는 것은 아니다. 일단 시작하면 아이들은 놀이 상황 속에 푹 빠진다. 정신없이 빠져들면서 그 속에서 창의력이 발휘되는 것이다. 창의력을 발휘하기 위해서는 감각이 살아나야 하고 감각을 살리는 비결은 자신의 느낌에 충실한 것이다.

창의력은 상상하는 능력을 통해 계발할 수 있다. 알베르트 아인슈타인은 "상상력은 지식보다 중요하다"라고 이야기했고, 빌 게이츠는 "마이크로소프트의 유일한 자산은 인간의 상상력이다"라고 했다. 모든 아이들이 상상력을 갖고 있다. 다만 시작하지 않았을 뿐이다.

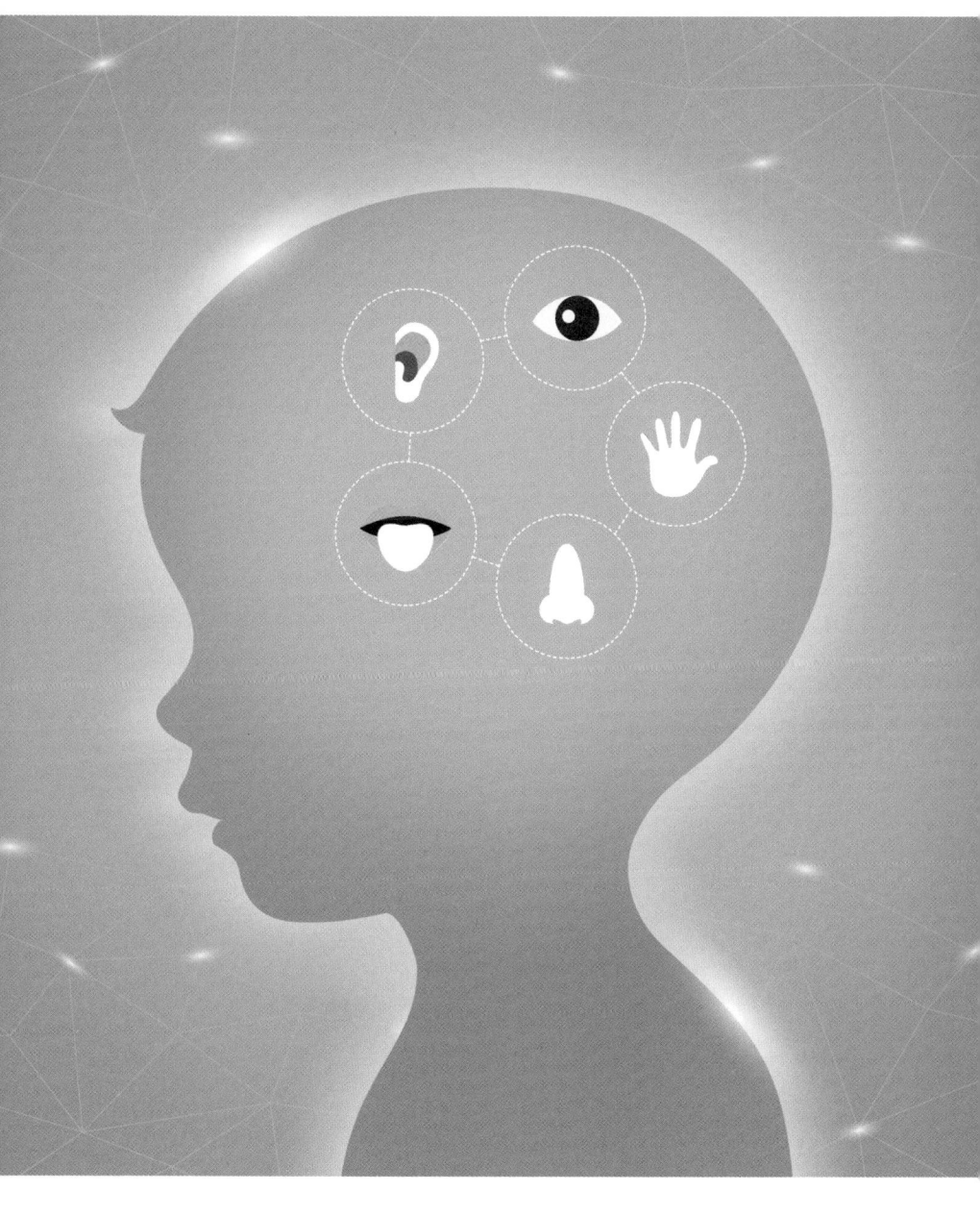

머리가 좋아지는 창의력 오감육아

초판 1쇄 인쇄 | 2015년 1월 16일
초판 1쇄 발행 | 2015년 1월 19일
초판 3쇄 발행 | 2019년 8월 20일

지은이 | 김영훈
펴낸이 | 황보태수
기획 | 박금희
디자인 | 여상우
교열 | 양은희
인쇄 | 한영문화사
제본 | 한영제책

펴낸곳 | 이다미디어
주소 | 경기도 고양시 일산동구 정발산로24 웨스턴돔1차 906-2호
전화 | 02-3142-9612
팩스 | 070-7547-5181
이메일 | idamedia77@hanmail.net

ISBN 978-89-94597-29-4 13370

ⓒ 김영훈, 2015

이 책은 저작권법에 따라 보호받는 저작물이므로 무단전재와 무단복제를 금지하며,
이 책 내용의 전부 또는 일부를 이용하려면 반드시 저작권자와 이다미디어의 서면동의를 받아야 합니다.